一生使える
あなただけの
勉強法

中学生のための人生が変わる勉強法

ふくとみ小児科 院長
福冨 崇浩

自由国民社

はじめに ――この本の使い方

中学校生活はとても忙しいです。

毎日の授業はもちろん、部活や課外活動、そして趣味の時間や友達と遊ぶ時間も欲しいですね。その中で、授業の予習復習や定期テスト対策を完璧に行うのはとても大変です。

しかし、少しの工夫でいまより効率良く勉強をすすめることができます。

勉強法を決めるときに最も大切なことは「自分に合っている」ことと「続けられる」ことの2つだと僕は考えています。

例えば「10人中9人にとって効果がある」勉強法があるとします。しかし、それがあなたにも当てはまるとは限りません。どんなに「効率的」「効果的」といわれている勉強法でも、あなたに合わなければ何の意味もありません。

10人いれば10通りの勉強法があってしかるべきです。全ての人に合う完璧な勉強法など存在しないと僕は考えています。

また、この本で紹介するさまざまな勉強法は「効果の高さ」だけでなく、「続けやすさ」をより重視しています。

勉強法に限った話ではありませんが、「効率的」「効果的」といわれる方法はとても魅力的にみえます。しかし、いずれの方法にも共通の落とし穴があります。

それは、期待した成果を得るためには「続ける」必要があるということです。どんなに優れた勉強法があったとしても、続けられなければ効果が出ることはありません。

当たり前だと思うかもしれませんが、実はこの『続ける』ということが最も難しいのです。

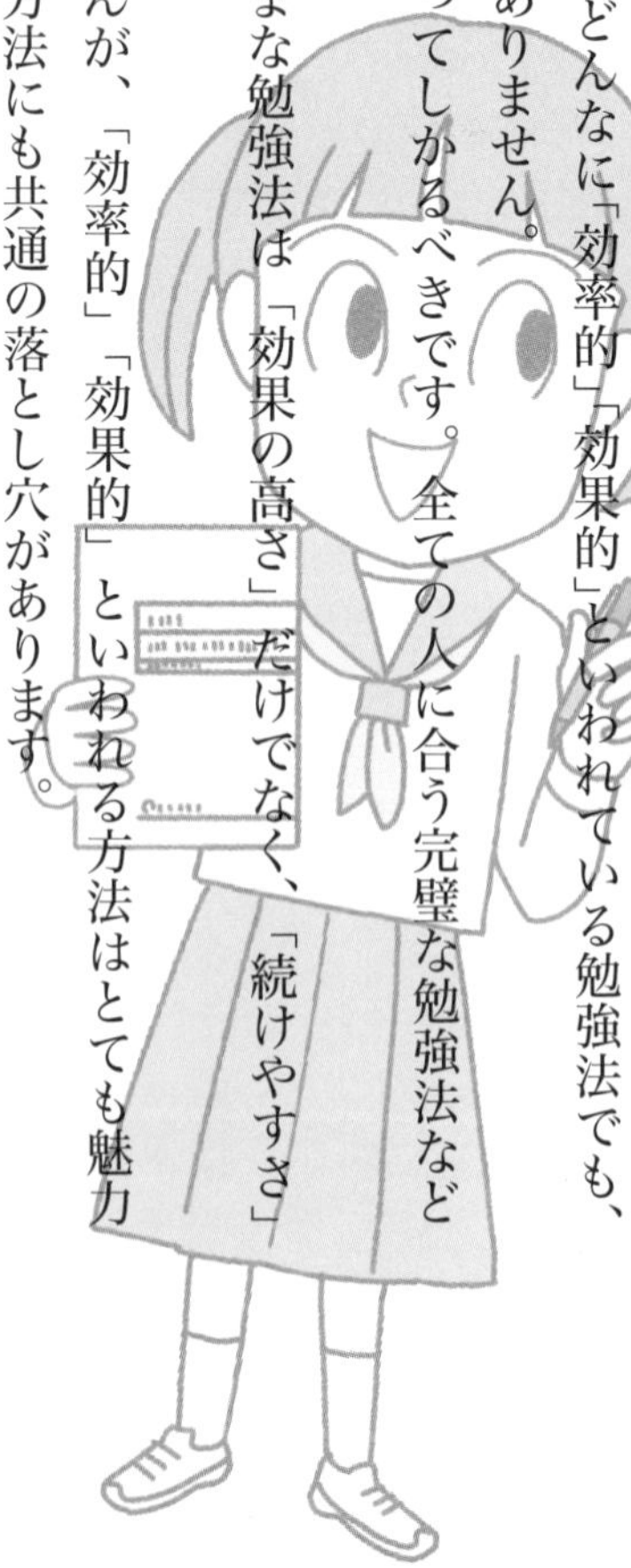

この本で紹介する勉強法はいずれも自信を持って紹介できるものですが、全ての方法を採用する必要はありません。

読んでいて「自分に合っていそう」「続けられそう」と感じた勉強法があれば実際に何日か試した上で、本当に採用するかどうか決めてもらうことをおすすめします。

また、同時に新しい勉強法をいくつも試すのは大変です。

例えば、「英単語を１００個音読する」という勉強法を採用するとして、慣れないうちは10分以上かかるかもしれません。

しかし、慣れてくると1分もかからずにできるようになります。

いろいろ同時に試して続かなくなるよりは、まずは1つでも2つでも可能な範囲でいまの勉強法に追加していく方が良いと思います。

そして慣れてきたら別の勉強法を追加するという方法がおすすめです。

もともとの勉強法に新しい勉強法を追加することで、少しずつ「あなただけの勉強法」をつくりあげてください。

その勉強法は、定期テストのみならず、高校受験、大学受験、資格試験などでも使える一生の財産となります。

この本がそのための道しるべとなることができればうれしいです。

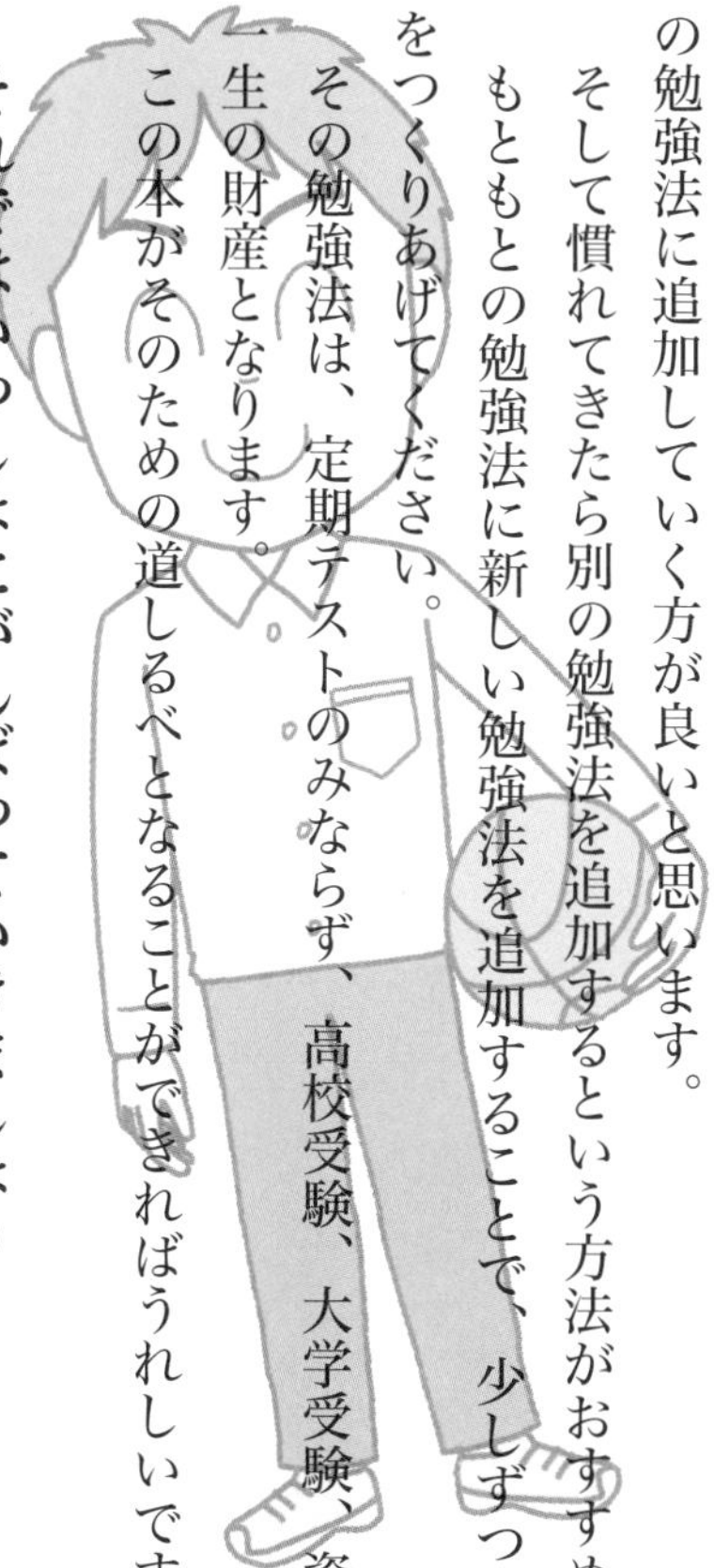

それではいっしょにがんばっていきましょう！

目次

PART・1 なぜいい成績がとれないのか

PART・2 効率のよい勉強法、自分に合った勉強法を見つけよう

目次

PART・3

定期テストを意識した勉強法

PART・4

教科別に確認！ 定期テスト攻略法

PART・5

長期的にすこしずつ身につけたい学力

《登場人物紹介》

松田 康太
（まつだ こうた）

中学受験を経て県内の進学校（中高一貫校）へ通う中1男子。明るく元気で、スポーツとゲームが大好き。小学校では常に成績はトップであったが、中学入学後の成績は低迷。

林 梨里子
（はやし りりこ）

地元の公立中学校へ通う中１女子。素直で真面目な性格で友だちも多い。小学校時代は学級委員タイプだった。康太とは小学校時代のクラスメイト同士。

福冨（ふくとみ）**先生**

康太と梨里子の家の近所にあるクリニックの小児科医。康太と梨里子が小さいころからのかかりつけでもある。医大生時代に塾講師の経験があり、中高生の勉強についてもくわしい。

PART・1

なぜいい成績がとれないのか

大通町 行き
よっと!
あ、リリちゃん
松田康太 中高一貫校に通う中学1年生
康太じゃん!
そっか康太はバス通学だっけ
林梨里子 地元の公立中学校に通う中学1年生
そーだそーだ
あれ? なんか元気ない?
実はさー…
中間テスト、すごくすごく勉強したのに
全科目が平均点以下だった…
えっ! マジで!?

気にすんな！オレなんか230人中220番だぞ！
ヤバッ！
それは気にしたほうがいい！
そんな言い方ないだろ！
でも康太、小学校の時は成績よかったじゃん！
まあ、オレも若かったからね
中学受験したしな！
中学校はなにかと忙しいし
部活とかゲームとかで勉強の時間がとれないんだよね
お、康太くんにリリコちゃん
近所の小児科医福冨先生
こんにちは
クリニック入口
福冨先生！

なるほど、そっか
テストうまく
いかなかったか
でも、大丈夫
ちょっと
工夫すれば
いい成績が
とれるように
なるよ
えー？
すごい簡単に
言うー！
そんなわけ
ないよ！
220番
だぞ！
泣くな！
まあ、
落ち着いて
2人は
『いい成績が
取れる人』と
『取れない人』
の差は
何だと思う？
えー？
理解力とか
記憶力の
よさとか？
イケメン
とか！
顔は関係
ないかな
実はね
『テストで
いい点数を
取れる人』と
『取れない人』
の差は、
『問題の
解き方を
知っている』か
『知らないか』
なんだよ

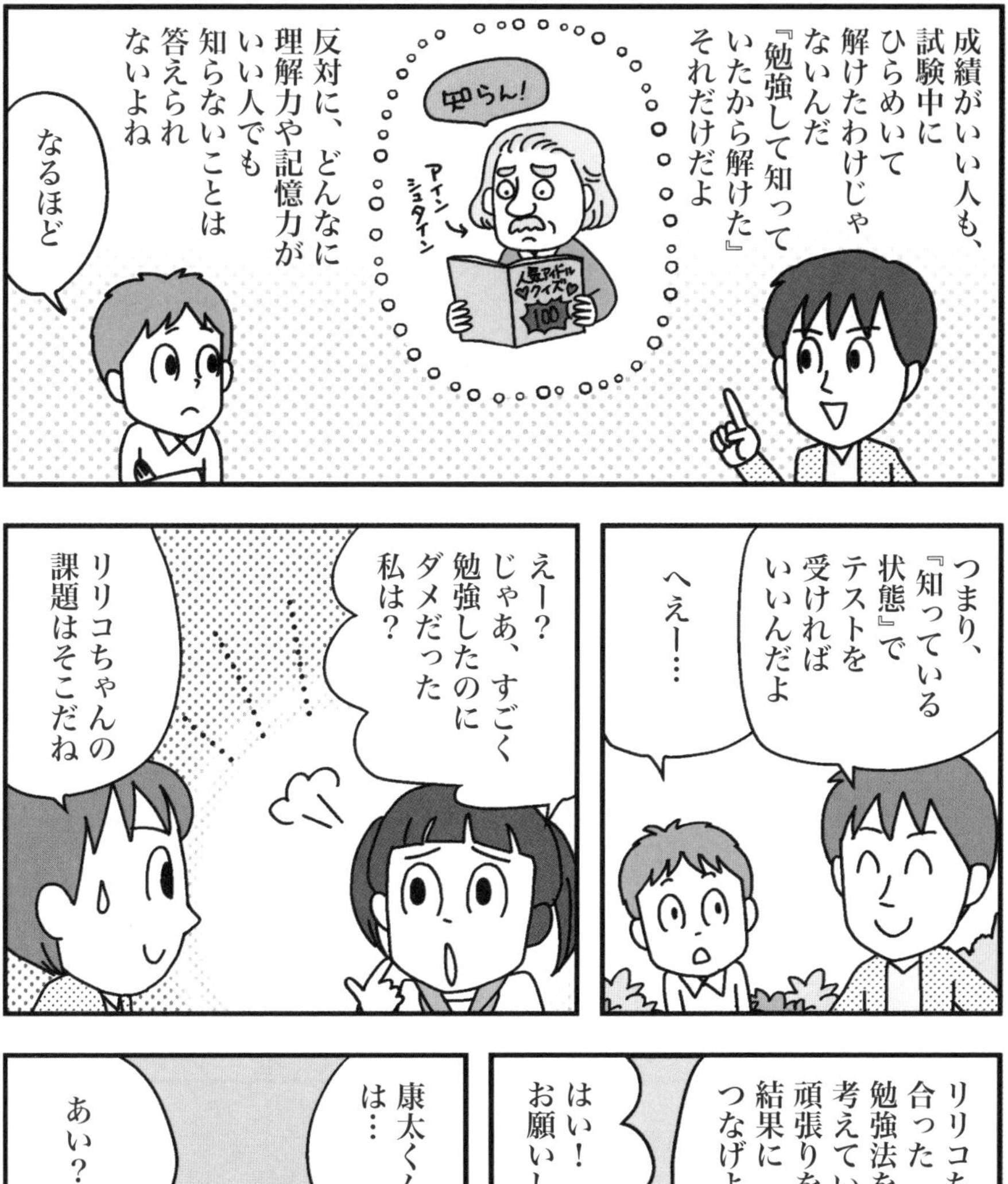
成績がいい人も、試験中にひらめいて解けたわけじゃないんだ『勉強して知っていたから解けた』それだけだよ
知らん!
アインシュタイン
人気アイドルクイズ100
反対に、どんなに理解力や記憶力がいい人でも知らないことは答えられないよね
なるほど
つまり、『知っている状態』でテストを受ければいいんだよ
へぇー…
えー? じゃあ、すごく勉強したのにダメだった私は?
リリコちゃんの課題はそこだね
リリコちゃんに合った勉強法を一緒に考えていこう 頑張りを結果につなげよう!
はい! お願いします
康太くんは…
あい?

勉強をやる気が出ないんですうー
うーん、そっか
勉強した分野で興味を持った分野はある？
ないです
キッパリ
そうなの？
じゃあ、学年で何位になりたい！とかこんな中学生活を送りたい！とか
アオハルー！
ないです！
おい
よし！じゃあ、康太くんはやる気がないまま勉強を始めよう！
やる気がないまま？
えー！
やる気はムリに出せないよ
でも大切なのは「やる気が出なくても勉強をする仕組みをつくる」ことなんだ

仕組み??
「勉強を習慣化する」ことだよ!
歯磨きや洗顔と同じで勉強も生活の一部にしちゃうんだよ
えー?そんなこと…
歯磨きもたまにサボるボクにできるかな?
やりなさいよ
がんばって毎日続けていくとだんだん生活の一部になっていくよ
実際、いい成績を取れている人は勉強を習慣化できていることが多いんだ
そうなの!?
じゃあ康太くんは、『勉強を習慣化する』方法を一緒に考えていこう!
お願いします!!

1 いい成績をとれないのは知らないだけ！

テストで良い成績を取れなかったとき「自分は頭が悪いから」とあきらめてはいませんか？

「テストの成績が悪い＝頭が悪い」ではありません。

反対に「テストの成績が良い＝頭が良い」でもありません。

たしかに1回で授業や教科書を理解できたり、暗記力が高いなど、一般的に「頭が良い」と言われる人は勉強をすすめる上で有利ではあります。

しかし、「テストで良い点数がとれるかどうか」は全く別の話です。

なぜなら**「テストで良い成績を取れるか取れないか」の違いは、「出題された問題の解き方を知っているか知らないか」の違いでしかない**からです。

成績が良い人もテスト中に全てゼロからひらめいているわけではありません。

例えば「2×3＝6」がわかるのは「知っている」からですよね。

「にいちがに、ににんがし、にさんがろく……」と一生懸命九九を覚えたから、当たり前のように「2×3＝6」とわかるのです。

小学校に入る前の子が九九を言えなくても「あの子頭悪いんだ」とは思わないですよね。

中学校の勉強も同じです。

新しいことを勉強するのですからはじめは知らなくて当たり前です。

「知らないこと」を「知っていること」に変えるために勉強するのです。

そして定期テストは「知っているかどうかの確認」にすぎません。

一部の応用問題を除いて、ほとんどの問題では解くために「天才的なひらめき」は必要ありません。

「知っていること」を使って問題を解くだけです。

もちろん「適切な問題に適切に使う」ための練習は必要ですが。

知っている情報を必要なときに頭から取り出して使うことができて、はじめて「知識がある」と

いえるのです。

いま学校で勉強していることは、大学以降に勉強するそれぞれの学問の基礎にあたる部分です。

つまり「算数における九九」と同じようのものです。

「知らないこと」を「知っていること」に変えるために勉強する
知っている情報を必要なときに頭から取り出して使うことができるように

大丈夫です。恐れる必要はありません。

「九九」と同じように練習すればできるようになります。

POINT

「解き方を知っている」「知識がある」状態で

テスト本番をむかえられるようにしよう！

2 自分に合った勉強法をみつけよう！

テストで良い成績を取るために必要なことが2つあります。

それは「自分に合った勉強法をみつけること」と「それを毎日続けること」です。

1つめは「自分に合った勉強法をみつけること」です。

「絶対的に正しい勉強法」というのは存在しません。

山登りを想像してください。

どこからどのようにのぼっても、無事に頂上にたどりつけばそれは正しい道ですよね。

登山に慣れている人は、登りやすい道や登り方のコツ、疲れにくい歩き方などをよく知っています。

しかし、それがあなたにもあてはまるとは限りません。

あなたにとっては登りにくい道であったり、足に合わない靴を履いたり、無理な歩幅で歩き続けたりすると、頂上にたどりつく前に疲れてしまいます。

同じように、**「結果につながりやすい」「続けやすい」勉強法は1人1人異なります。**

そして、その勉強法をみつけることができれば、頂上へたどりつきやすくなります。

1つだけ補足しておくと、僕は勉強という山登りの頂上は「良い成績をとること」だとは思っていませんが、これは改めてお話します。

POINT

「結果につながりやすい」
「続けやすい」
勉強法は
1人1人違う！

3 勉強を生活の一部に組み込もう！

テストで良い成績を取るために必要なことのもう1つは「**毎日続けること**」です。

当たり前ですが、せっかく自分に合った勉強法をみつけても、実際に勉強しなければ良い成績は取れません。

いくら登る道、自分に合った靴や歩き方がそろっても、実際に歩かなければいつまでたっても頂上へはたどりつきませんね。

とはいえ、忙しい中学校生活の中で毎日勉強時間を確保するのは簡単なことではありません。

部活でつかれて勉強どころじゃない日もあります。友達と遊びに行く予定がありどうしても時間がない日もあります。

むしろ、そのような日があって当たり前です。

しかし、そのような日に**わずかでも勉強するかしないかでは大きな差がでます。**

極端な話、1日の勉強時間が1分と2分では大きな差はありませんが、0分と1分では全く意味が変わります。

運動部の人はよくわかると思いますが、休憩時間に少しでも体を動かしていると休憩後も練習を再開しやすいですが、完全に座り込んでしまうと疲れがどっとでるのと同じです。

いかに勉強の火を絶やさず、毎日勉強を続けるかが重要なのです。

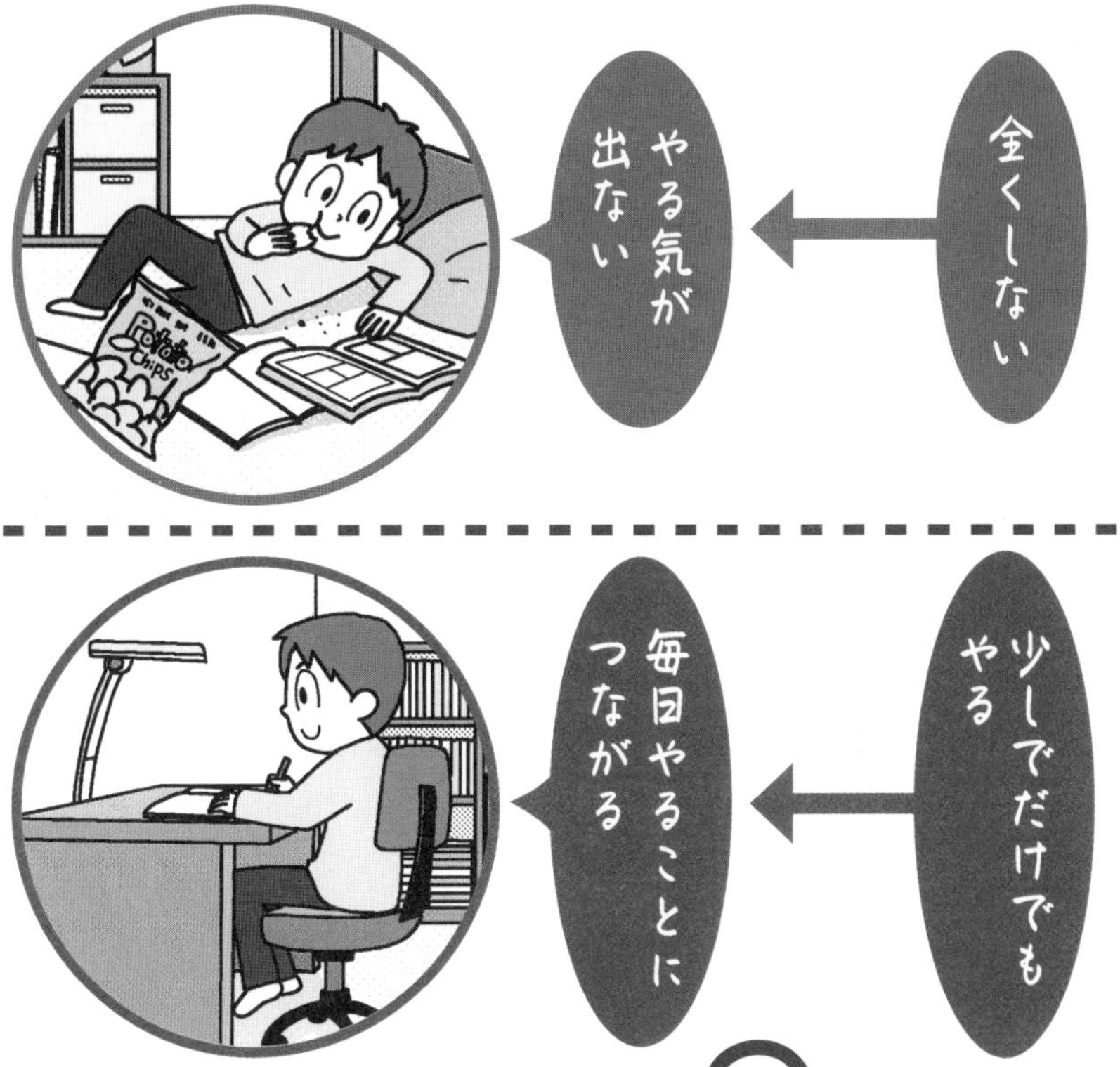
全くしない
やる気が出ない
少しでだけでもやる
毎日やることにつながる

POINT
勉強の火を絶やさないようにしよう!

「自分に合った勉強をみつける」ことと「毎日続けること」は左右の車輪のようなものです。どちらが欠けても前にはすすみません。

4 勉強を習慣化する方法

毎日勉強を続けるためにぜひ行ってほしいことが、「**勉強を習慣化する**」ことです。

「朝起きたら顔を洗い、歯をみがく」のように、勉強を生活の一部にしてしまうのです。

慣れるまでは少し大変ですが、一度習慣化してしまうと、特別意識しなくても毎日続けられるようになります。

自転車に乗るとき、こぎはじめはやや不安定ですが、スピードがでると安定してくるのに似ています。

そして「勉強を習慣化する」ための具体的な方法は「**習慣化する勉強量を決める**」「**いつ行うか決める**」の2つです。

まず1段階目が「**習慣化する勉強量を決める**」ことです。

習慣化するために、「習慣化するまで毎日続ける」ことが必要です。

そこで、初めは「無理なく続けられる量」を設定することをおすすめします。

例えば、「どんなに忙しくても数学の問題集を1ページ解く」のような勉強量を設定しても、どこかで途切れてしまう可能性が高いです。

反対に「毎日数学の計算を1問解く」のような量であれば、毎日続けられる可能性が高いですね。

もちろん、「毎日1問の計算」だけでは数学で良い成績は取れませんが、まずは「習慣化」することを優先してかまいません。

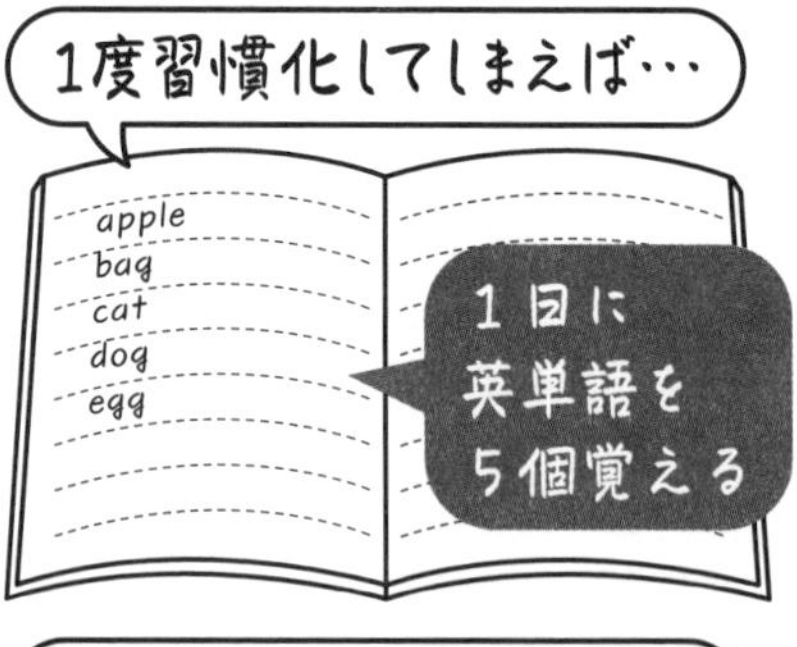
1度習慣化してしまえば…
apple
bag
cat
dog
egg
1日に
英単語を
5個覚える

量を増やすのは難しくない
apple foot
bag grove
cat hat
dog ink
egg job
1日に
英単語を
10個覚える

なぜなら**「1度習慣化してしまえば、量を増やすことは難しくない」**からです。

例えば「1日10個英単語を音読する」習慣がついている人は、「1日20個」に変更してもそれほど負担を感じません。

それどころが、不思議と**「1日の量を増やしていきたくなる」**ことが多いのです。

筋トレ（筋肉トレーニング）の経験がある人なら想像しやすいかもしれません。

習慣化する勉強量が決まれば、続いて**その勉強を「いつ行うか？」を決めます。**

例えば、「夜歯をみがく前に必ず英単語を10個音読する」「朝食を食べたら1問だけ数学の計算を解く」「帰りのバスの中では目を閉じてその日の授業の内容を思い出す」などです。

「夜8時になったら英単語を音読する」のように時間を決めるよりも、「夜歯をみがく前に必ず英単語を10個音読する」のように**すでに習慣となっている行動とひもづけする**方が続けやすくおすすめです。

ひもづけする習慣が多いほど、多くの種類の勉強を習慣化できるので、まずは自分の1日の中で習慣になっている勉強以外の行動をなるべく多く思い出してください。

POINT

勉強を習慣化する方法はこれ！

1 習慣化する勉強量を決める

2 それを勉強以外の習慣にひもづけする

5 1日の勉強は「2階建て」にしよう！

勉強を習慣化して毎日続けることは重要ですが、それが1日の勉強の全てではありません。

その日出された宿題もあるかもしれませんし、小テストの勉強も必要かもしれません。

定期テストにむけて問題集などもすすめたいですね。

そこでおすすめの方法は、**1日の勉強を「2階建て」にすること**です。

「1階部分」は、先ほど紹介した「習慣化した勉強」です。

これは、毎日変わらず勉強する部分です。

そして、**「2階部分」が「日によって変わる勉強」**です。

「習慣化した勉強」に、その日「必要」な勉強を追加します。

時間がない日やどうしてもやる気がでない日は、「1階部分」すなわち「習慣化した勉強」のみを行います。

慣れてきたら「1階部分」の量を増やし、割合を大きくしていきます。

「1階部分」を続けるだけで定期テスト対策がほとんど終わり、あとは宿題など一部の「2階部分」を行えばよいという状態が理想形です。

「1階部分」の割合が大きくなればなるほど、勉強量が増えても負担感は少なくなります。

くりかえしになりますが、「一度勉強が習慣化すると、その量を増やすことは難しくない」ので、**まずは少ない量でも良いので習慣化する**ことをおすすめします。

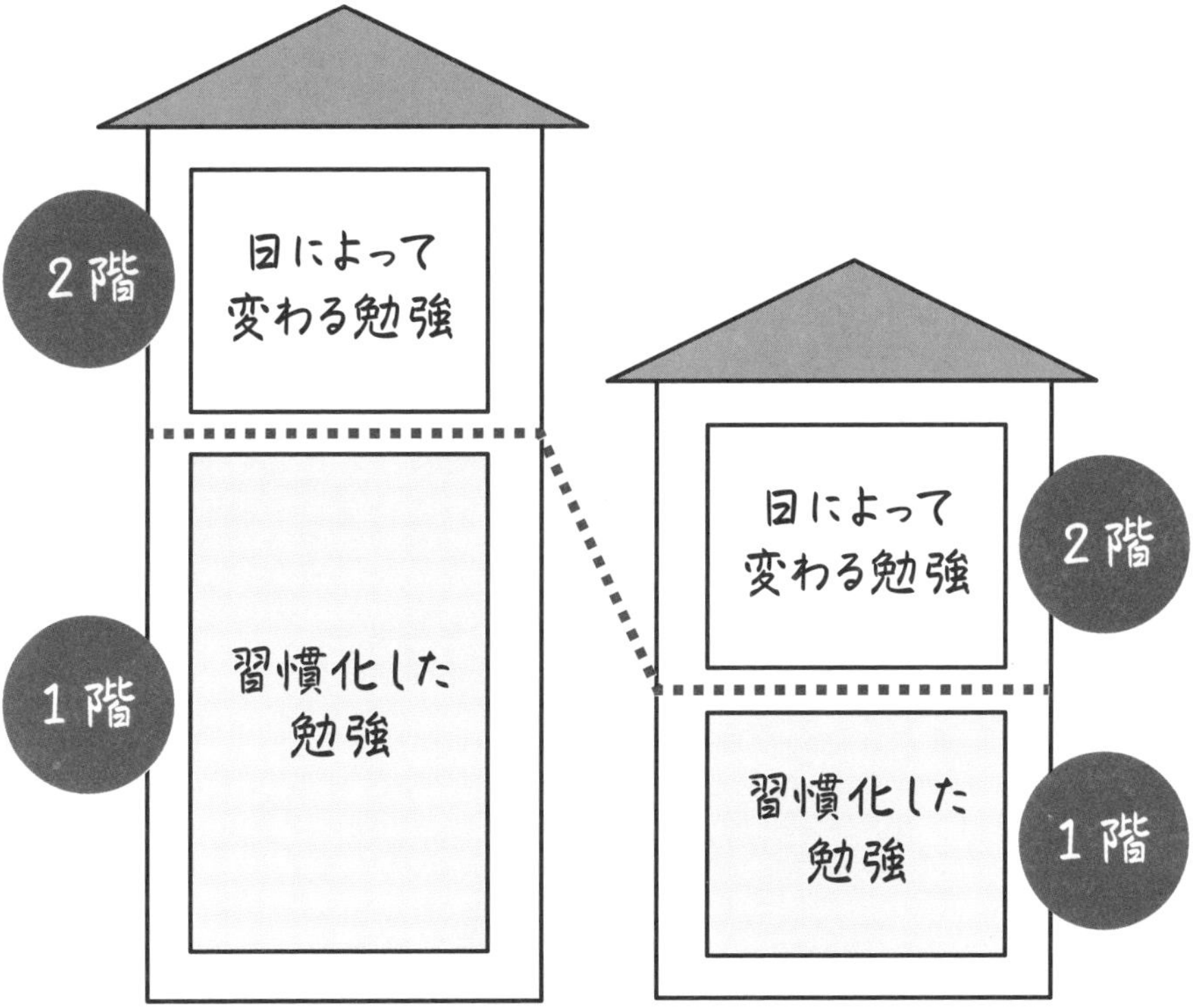
2階
日によって
変わる勉強
1階
習慣化した
勉強
日によって
変わる勉強
2階
習慣化した
勉強
1階

POINT
「1階部分」である
「習慣化した勉強」の
割合を高めていこう！
1階部分を増やすのが理想形

6 まずは1教科得意科目をつくろう！

得意な教科が1つもないと、どこから手をつけてよいかわかりません。

もしあなたに得意と思える教科が1つもない場合は、次のテストまでは特に1教科を重点的に勉強することをおすすめします。

なぜならば、1教科だけでも得意にできたら、他の教科の成績も同じ方法で上げることができる可能性が高いからです。

実は、「成績を上げる方法」自体は教科によって大きく変わらないのです。

数学と社会が変わらないと言われても納得できないと思うので、スポーツや楽器を例に考えてみましょう。

「小学生から野球をやっていた人がサッカー部に入ったらサッカー経験者を追い抜いてレギュラーになった」「3歳からピアノを習っていた人がギターを始めたらあっという間に上達した」ということはめずらしくありません。

これは単に運動神経や才能だけの話ではありません。

1つのことをつきつめて上達した経験がある人は、「上達するコツ」を知っているので、他の新しいことを始めても成功しやすいのです。

勉強も同じです。

勉強全般が苦手な人は、まずはとにかく1教科を得意にして「得意になる方法」を身につけることが近道です。

1教科得意科目ができたら、同じ方法で2教科目、3教科目も得意にするのです。

その1教科はどの教科でもかまいませんが、僕は数学をおすすめします。

なぜならば意外かもしれませんが、数学は勉強の効果を実感しやすく、勉強量に比例して成績が上がりやすい教科だからです。

ただし、数学に対しては苦手意識を強く持っている人も多いと思います。

あまりに数学への苦手意識が強かったり、かなり前からつまずいている場合は、社会や理科でもかまいません。

社会や理科も比較的早く努力が結果として現れやすい教科です。

一方で、国語や英語は、他の教科以上に積み重ねが重要な教科なので、勉強の効果が現れるまでに少し長く時間がかかります。

誤解がないように言っておくと、「1教科を重点的に勉強する」というのは「他の教科を捨てる」という意味では決してありません。

他の教科もきちんと勉強して、1教科だけ他の教科の1・5倍程度力を入れるくらいの比重がおすすめです。

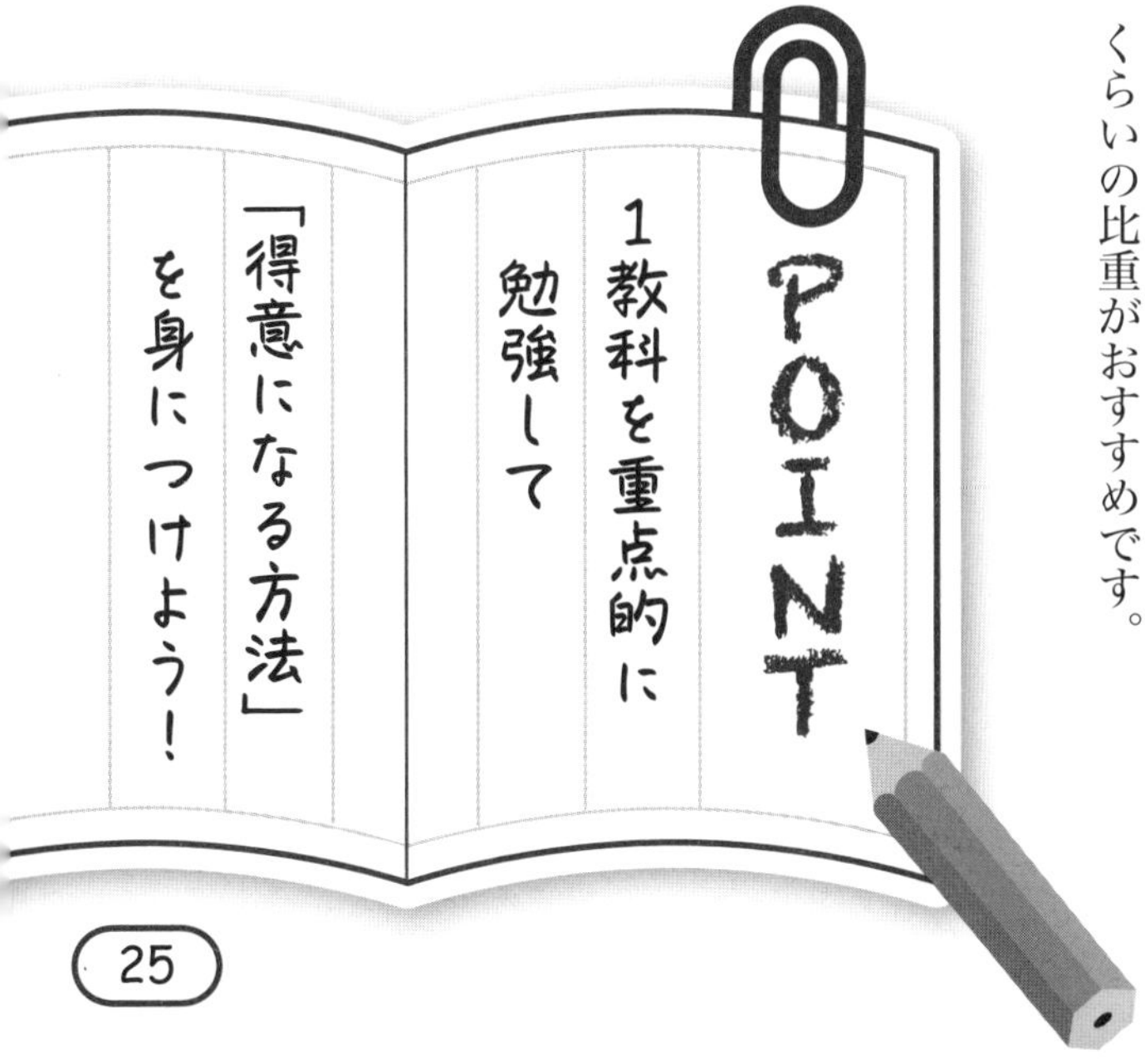

7 なぜ勉強のやる気が出ないのか？

「勉強のやる気がでない」これは誰もが経験したことがある悩みですね。しかし、これは仕方のないことです。「勉強は楽しい」という人もいますが、それは新しいことを知ったり、わからないことがわかったり、知識が何かの役に立ったり、良い成績を取れたりなど、「勉強しているうちに楽しくなった」場合がほとんどです。

興味があって自分から始めた勉強を除いて、旅行や映画のように始まる前からわくわくすることは通常ありません。

「次のテストで良い成績を取りたい！」「将来○○になりたい！」のようにわかりやすい希望があれば、勉強を始める前にやる気がわくこともあります。

ただし、やる気は出そうとしてぱっと出てくるものではありません。

実際やる気や集中力は、実際に行動を始め、続けるうちに高まってくるといわれています。

つまり、「やる気が出る→行動する」ではなく「行動する→やる気が出る」であることが多いのです。

しかし、もし行動する前に少しでもやる気を出すことができれば、「やる気が出る→行動する→さらにやる気が出る」という良い循環が生まれます。

そこで、**「勉強のやる気が出る工夫」と「やる気が出なくても勉強する工夫」**の両方を行うことがおすすめです。

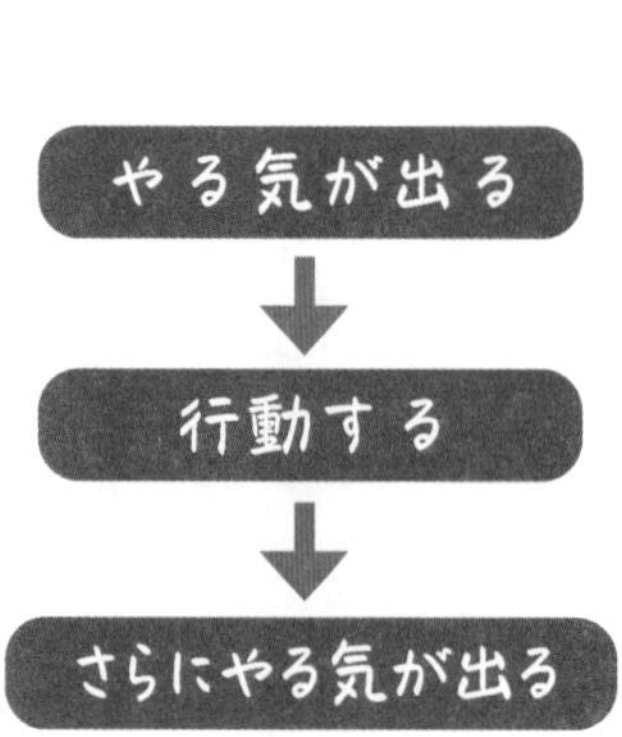

強制的にやる気を出す方法は実は存在します。
それは、報酬と罰を決めてもらうことです。

例えば、ご両親と相談してテストで良い点数を取ったら欲しいものを買ってもらえるなど報酬を決めて、反対に取れなければ友達と遊びに行くのを禁止されるなど罰を決めてしまうのです。いわゆる「アメとムチ」です。

しかし、僕はこの方法をおすすめしません。なぜなら、この方法では決めた報酬や罰がゴールになってしまうからです。

例えば「『パズルを1つ解くごとにごほうびをもらった子』はごほうびをあげなくなったらパズルを解くのをやめてしまいましたが、『ごほうびをもらわずにパズルを解いていた子』はパズル自体が楽しくなり、パズルを解き続ける子が多かった」という実験があります。

勉強も同じで、「努力によって良い成績が取れた達成感」や「もっとくわしく知りたくなる探求心」など勉強のごほうびは「勉強によって得られたもの」それ自体なのです。

「勉強によって得られたごほうびによって、さらに勉強したくなる」。この状態が理想です。

「勉強によって得られるごほうび」は他にも紹介しきれないほどたくさんありますが、みなさんの楽しみや喜びをうばうことになってしまいますので、ぜひ自分で実感してください。

POINT

「勉強のやる気が出る工夫」と「やる気が出なくても勉強する工夫」を同時にしよう！

8 勉強のやる気を出す方法

それでは、「アメとムチ」にならない範囲でやる気を出す方法をいくつか紹介します。

1つめは「**未来を想像する**」ことです。「良い未来」と「悪い未来」を両方想像してみるのです。

良い未来の例としては「良い成績を取る→みんなからちやほやされる→もてる」悪い未来の例としては「悪い成績を取る→内申にひびく→自分1人だけ希望の高校へ行けない」などです。

ちなみに「良い未来」と「悪い未来」のどちらの方がより効果があるかは人によります。

2つめは「**自分に小さなごほうびをあげる**」ことです。

例えば、「ジュースが飲みたい」と思えば、「あと30分勉強したら飲むことを許可しよう」「あと3問解けたら許可しよう」のように、いましたいことを小さな報酬にするのです。

「小さな」というのがポイントです。

ごほうびが大きすぎるとそちらが目標になってしまうおそれがあります。

一見「アメとムチ」のようにも見えますが、「報酬を自分で決めること」と「それ自体が勉強の目標とならない程度の報酬にする」ことを守れば問題ありません。

3つめは**「小さな目標を達成する」**ことです。

「目標を達成する」という経験は、充実感や喜び、自信を得られ、次へのやる気が出やすくなります。

しかし、目標を「英語の定期テストで80点を取る」などに設定すると、達成できるのは早くても次の定期テストです。

そこで、もっと短期で小さな目標を設定するのです。

例えば、「次の小テストで100点を取る」でも「1週間で単語を10個覚える」でもかまいません。

「目標を達成したら、また次の目標を設定して達成する」をくりかえすのです。

POINT

勉強のやる気を出す方法

1 良い未来と悪い未来を想像する

2 自分で小さなごほうびを決める

3 小さな目標を決め、達成する

9 3段階の目標を設定しよう！

せっかく目標の話題になったので、ここで効果的な目標設定法を紹介します。

その方法は先ほど紹介したように「小さい目標を立てて達成する」ことです。

それをふまえて、「**『大』『中』『小』の目標を設定する**」という方法をおすすめします。

例えば、「英語の定期テストで80点を取る」という目標を設定するとします。これを「大目標」とします。

「大目標」に限らず、目標を立てるときは「定期テストで高得点を取る」のようにあいまいなものではなく、「英語の定期テストで80点を取る」のように**数字を使って具体的に設定する**ことをおすすめします。

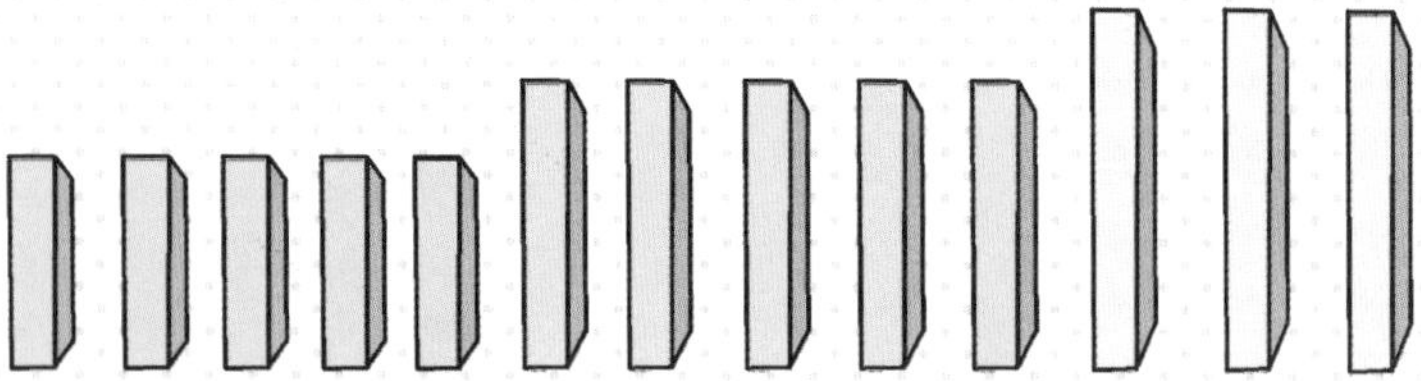

そして、「大目標」を達成するために何が必要かを逆算すると、「試験範囲の英単語・英熟語を全て覚える」「試験範囲の問題集を3周解く」などがみえてきます。これを「中目標」とします。

さらに「中目標」を達成するために逆算すると、「1週間で単語を10個覚える」「毎日1ページ音読する」などがみえてきます。これが「小目標」です。

「小目標」は具体的で短期間で達成できるものほど良いです。

また、小目標はいくつあってもかまいません。思いつく限り設定しましょう。

小目標を達成したら新しい小目標を設定してまた達成して……、というのをくりかえしていくことでドミノ倒しのように中目標、大目標を達成するのです。

中目標や大目標を途中で追加してもかまいません。

中目標や大目標が増えたら、中目標や小目標を決め直せばよいのです。

例えば、勉強のすすみが思ったより早く中目標を「試験範囲だけでなく、1か月で単語帳も15ページまで暗記する」に変更したら、「2日で1ページのペースで単語帳を暗記する」という小目標が生まれます。

「将来、人を助ける仕事につきたい」「高校を卒業したらロボットの研究をしたい」など大目標を超えた「特大目標」があれば、さらにやる気につながります。

ちなみに3年生で高校受験をする人は、定期テストに向けた目標と併行して早めに「高校受験にむけた3段階の目標」を設定してください。

長期間にわたる目標となるので設定する中目標や小目標が多くなり大変ですが、大目標は「〇〇高校に合格する」ですね。

POINT

「小目標↓中目標↓大目標」とドミノのように倒して達成しよう！

目標シート
〈例〉

80点以上取る！

教科書・問題集の例文を
全て和文→英文、
英文→和文へ
訳せるようにする！

●授業があった
その日のうちにでてきた
例文をまとめる

●毎日
和文英文ノートを音読する！

大目標

定期試験で

中目標

- 問題集を3周解く！
- 教科書・問題集の英単語・熟語を全て書けるようにする！

小目標

問題集を3周解く！
- 毎日1問は解く！
- 問題集を1週間で1ページ解く！
- 6/30までに1周目を終わらせる！

教科書・問題集の英単語・熟語を全て書けるようにする！
- 授業があったその日のうちにでてきた英単語熟語をまとめる
- 毎日英単語ノートを音読する！

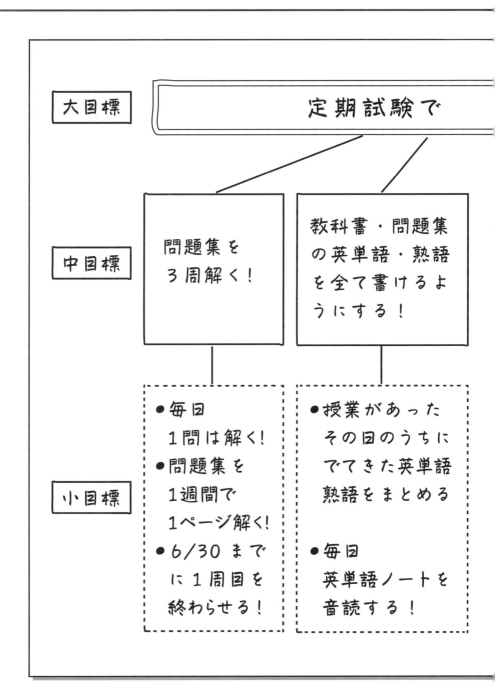

10 結果を出すために必要なのは「自制心」

よい成績を取るために「やる気」と同じかそれ以上に大切なものがあります。

それが**「自制心」**です。

「勉強するつもりだったけど、どうしてもテレビが見たい」「試験前だけど遊びにいきたい」

このような欲望は誰にでも訪れます。

ここでぐっと自分を抑えてコントロールする精神力、それが自制心です。

しかし、「よし、自制心が大切だからがまんしよう！」と思えるほど人の心は素直ではありません。

なんとかがまんできたとしても「テレビどんな内容だったんだろう？」「やっぱり行きたかったな」ともやもやが残ってしまいます。

そして、がまんばかりしていても、いつかがまんの器がいっぱいになりあふれてしまいます。

そこで、おすすめの方法は「がまんする」のではなく**「いまはがまんする」**という方法です。

「テレビがみたいけど、いまはがまんして勉強が終わったら録画で見よう」「遊びにいきたいけど、いまはがまんして試験が終わったら思いっきり遊ぼう」と考えるのです。

欲望を「禁止」するのではなく「保留」にして後で認めてあげるのです。

「すべきことをきちんと終わらせた後ならば、したいことはしても良い」というのは持続的に勉強を続けるためにも重要です。

自制心についての有名な実験を1つ紹介します。

「マシュマロ実験」というものです。

幼稚園に通っている子の前にマシュマロを1つ置き、「私がもどってくるまでがまんできたらマシュマロをもう1つあげる。もどってくる前に食べてしまったらもう1つはあげないよ」と言って部屋を出ます。

すると、がまんして2つ目のマシュマロを手に入れられた子は、全体の3分の1ほどでした。

その後の追跡調査で、なんと2つ目のマシュマロを手に入れられた子の方ががまんできなかった子よりも学力が高く、社会で成功しやすいという結果が出たのです。

再実験によって、自制心以外の要因も関わっていることも指摘されましたが、自制心が結果を出すために重要であるということがわかる有名な実験です。

POINT

欲望は「禁止」するのではなく「保留」にしよう！

11 〔勉強する環境を整えよう！〕…❶ 勉強のためだけの空間をつくろう！

より効果的に勉強するためには、環境を整えることが重要です。

まず1つめは「**勉強専用の空間をつくる**」ことです。

「この空間に入ったら勉強する」という場所が決まっている方が、勉強モードに切りかわりやすくなります。

そのためには「**勉強机は勉強のためだけに使う**」という方法がおすすめです。

もちろん、自分用の机をいくつも持っている人は少ないと思います。

しかし、同じ机で勉強もして、マンガも読んで、スマホも使って、おやつも食べて……だと、いざ勉強に取りかかろうとしても集中しにくくなってしまいます。

可能であれば別のテーブルを用意するか、用意

できなければ床にクッションを置くなどして勉強以外はそこですることをおすすめします。

また、**勉強に関係ないものは極力机の上には置かないようにし、視界に余計なものが入らないようにすることがおすすめです。**

例えば、マンガやスマホ、アイドルのポスターなどが目に入るだけでも集中力が途切れてしまいます。

勉強に関係ないものは引き出しにしまうか、背中側に配置しましょう。

また、**自宅以外に「勉強専用の空間」をいくつか持っておいた方が効率良く時間を使うことができます。**

塾などの自習室でもかまいませんし、図書室や街の図書館でもかまいません。

その日の予定や気分によって使い分けると便利です。どうしても自宅では勉強に集中できない人は一定数います。

僕も自宅では全く集中できなくて、自宅の部屋では音読や暗記のみしていました。

POINT
勉強に関係のないものは
目に入らないようにしよう。
勉強空間!

12 〔勉強する環境を整えよう！〕…❷

スマホは勉強空間に置かない！

現代社会において携帯電話、特にスマホは不可欠な道具となりました。

さまざまな機能を上手に活用することでより効率良く勉強することもできます。しかし、勉強中となると話は別です。

勉強中にスマホが部屋にあるだけで、集中力が著しく低下することが指摘されています。

スマホが鳴ると（マナーモードでも）「誰からメールかな」「早く返信しなきゃ」と気になってしまいます。

そして、たとえ電源を切っていても、スマホが視界に入ることで「この間にメールが来ているかも」と集中がとぎれてしまいます。

したがって、**勉強中は電源を切ってカバンの中など見えないところに置くか、別の部屋に置いておく**ことがおすすめです。

勉強中に調べものをしたいときもすぐにスマホで調べるのではなく、勉強中は教科書や辞書を使い、どうしても調べたいことは勉強後にスマホで調べることをおすすめします。

ちなみに、例外としては映像授業などを受けるためにスマホを使う場合です。映像授業は、合う人にとっては効果的な方法だと僕は考えています。

しかし、その場合もメールの通知をオフにするなど集中力が途切れないような工夫が必要です。

POINT

勉強効率を上げる環境づくり

1 勉強机は勉強のときだけ使う！

2 勉強に関係ないものは視界に入らないようにする！

3 勉強専用の空間を自宅以外にもつくる！

4 勉強中はスマホを部屋に置かない！最低でも電源を切る！

5 勉強中の調べものは教科書や辞書を使う！

6 気になったことはメモして勉強後にスマホで調べる！

COLUMN

平均点をとるためには基本問題のみ解ければいい！

勉強が苦手な人にとっては、成績上位の人はもちろん平均点以上の人も雲の上のような存在です。

しかし、平均点以上を取っている人が実は手が届かないほど上にいるわけではありません。

定期テストで平均点以上を取っている人も意外と簡単な問題を間違えています。

つまり、7〜8割以上の人が解けるような基本問題を取りこぼさないだけでも、平均点を超えることは可能です。

基本問題を全く落とさず、少し難しい問題を数問取るだけですぐに成績上位です。

実は雲はそこまで高いところにないのです。

もちろん基本問題を取りこぼさないための練習は必要ですが、「応用問題を解けるようになる」ことに比べれば難易度は高くありません。

基本問題を取りこぼさなければ、平均点は高い壁ではない！

PART・2

効率のよい勉強法、自分に合った勉強法を見つけよう

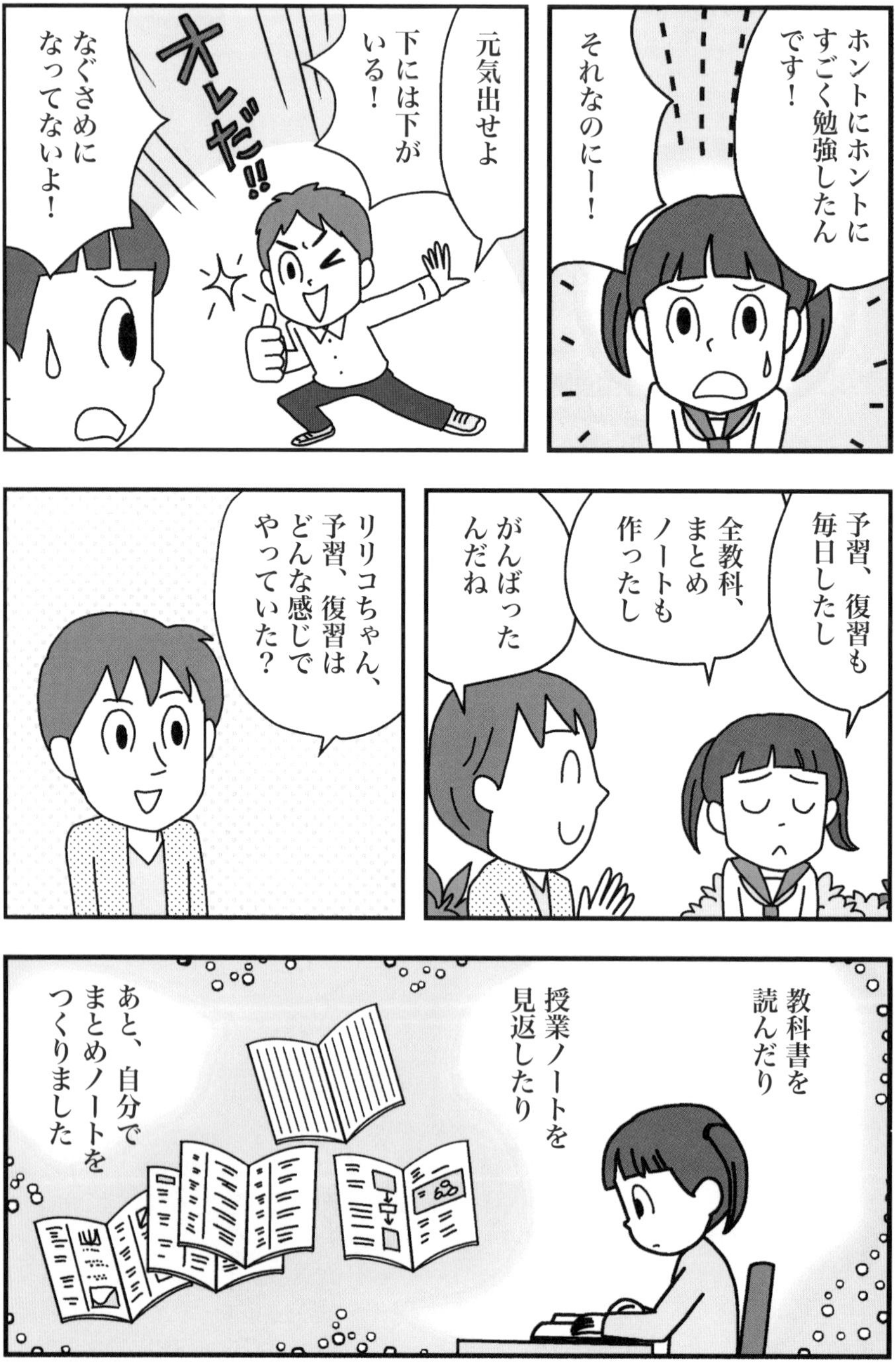
ホントにホントにすごく勉強したんです！
それなのにー！
元気出せよ
下には下がいる！
オレだ!!
なぐさめになってないよ！
予習、復習も毎日したし
全教科、まとめノートも作ったし
がんばったんだね
リリコちゃん、予習、復習はどんな感じでやっていた？
教科書を読んだり
授業ノートを見返したり
あと、自分でまとめノートをつくりました

そのまとめノートはどんなふうに使った？
テスト前に見直しました！
ワークや問題集はどれくらい解いた？
えーと
宿題と…あとはテストの直前に1回かな
わかった！リリコちゃんはアウトプットの練習を増やしたほうがいいね
アウトプット？
知識を頭に入れるのがインプット
頭から出すのがアウトプットだよ
OUT
in
頭からどんぐり出てきた！
コロコロコロコロ
ちょっとだまってて

教科書を読むのはインプット
問題を解くのがアウトプット
うん、なんとなくわかります
in
OUT
インプットは大事だけどそれ以上に頭から取り出すアウトプットの練習が大事なんだ
へぇーそうなんだ
例えばおいしそうな食材があっても料理の仕方がわからないと食べられないよね
アウトプットしたことがない
がんばって暗記してもすぐ忘れてしまうのは？
それもアウトプットの練習が解決してくれるよ
アウトプットの練習をすると記憶したことが忘れにくくなるんだ
やってみます！

ボクの頭は
どんぐりしか
出てきません
まあまあ
康太くんの
勉強の内容を
教えて？
ヤバいっす
なにがよ？
今までの内容が
わかってなくて
授業について
いけてないんだ
追いつきたいって
思うけど
何から始めたら
いいか
わか
んな
いっ!!
動きはキレが
いいわね
康太くんは
進学校に通って
いるから
授業が早く
進むことが
多いよね
そうなんす
そうなんだ
そういえば…
進学校の
生徒だったわ

だから一度ついていけなくなると大変なんだ…
でも大丈夫
問題集を解き始めるのがおススメ！
えっ？そんなあ
だってどうせ解けないよ？
確かにそうかもねでも大事なのはそこじゃない
「解けるか解けないか」ではなくて
「実際に手を動かして解いてみること」が大事なんだ
ええ？
そして「なにが足りないか」を知ることが重要
はああ？

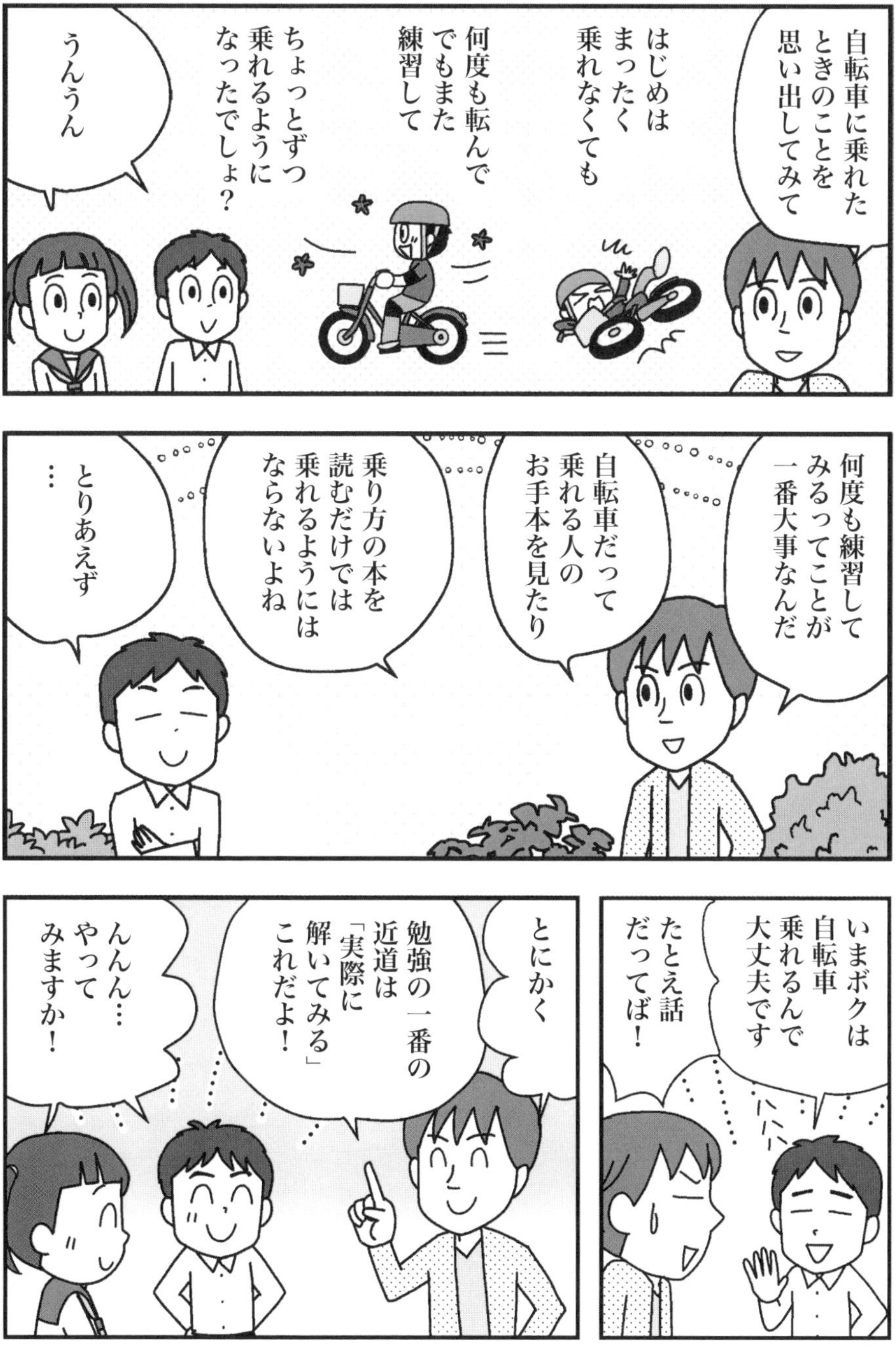
自転車に乗れたときのことを思い出してみて
はじめはまったく乗れなくても
何度も転んででもまた練習して
ちょっとずつ乗れるようになったでしょ？
うんうん
何度も練習してみるってことが一番大事なんだ
自転車だって乗れる人のお手本を見たり
乗り方の本を読むだけでは乗れるようにはならないよね
とりあえず…
いまボクは自転車乗れるんで大丈夫です
たとえ話だってば！
とにかく
勉強の一番の近道は「実際に解いてみる」これだよ！
んんん…やってみますか！

1 アウトプット中心の勉強に切りかえよう！

勉強には大きく分けてインプットとアウトプットという2つの段階があります。

インプットとは簡単にいうと「情報を頭に入れる」段階、アウトプットとは「頭から取り出す」段階です。

例えば、授業を受けたり、暗記をするのはインプット、テストで問題を解いたり、誰かに説明するのはアウトプットです。

インプットとアウトプットの両方がそろってはじめて問題を解くことができます。

インプットした「情報」はアウトプットできるようになって初めて「知識」に変わるのです。

しかし、両方ともやっているつもりでも、実は気づかないうちにインプット中心の勉強になってしまっていることが多いのです。

例えば「予習で教科書を読み、授業を受け、復習でノートを見直す」という勉強法は、全てインプット中心です。

せっかくたくさんの情報を頭に入れても、「必要な情報を必要なときに取り出す」練習をしなければ問題は解けません。

「わかったつもり、覚えたつもりだったのにテストでは解けなかった」という事態はこうして起こってしまうのです。

アウトプットの練習を行うことにより、不足している知識がわかるため、結果的にはより効果的なインプットにもつながります。

したがって、**インプットよりもアウトプットに多くの時間をかける**ことをおすすめします。

それでは、「アウトプット重視」の勉強を実践するための方法を紹介していきます。

OUTPUT
POINT
「インプット」より
「アウトプット」の
時間を多くすることを
意識しよう！

2 問題集をペースメーカーにしよう！

アウトプットの練習量を増やす方法としておすすめなのが、**「問題集をペースメーカーにする」**という方法です。

学校の授業で勉強した内容については、なるべく早く問題集で解いてみるのです。

いくら授業で先生がわかりやすく解説してくれても、**「本当に理解できているか？」「本当に自分で解けるか？」は実際に自分で問題を解くことで初めてわかります。**

問題を解くためには「どの知識をどのように使えばよいか」を考える必要があり、解けなかった場合も「解くために何が足りないか」が見えてくるのです。

「理解が不十分だから解けない」のか、「知識が不足しているから解けない」のかなど、解けない理由がみえてくれば、その問題点に対処しやすくなります。

理解できなければ解答・解説や教科書、授業用ノートを読み、それでも理解できなければ先生や友達に質問します。

もし知識が足りなければ必要な情報を暗記します。

また、問題集をペースメーカーにすることにより、「どのくらい勉強がすすんだかがわかりやすい」という利点もあります。

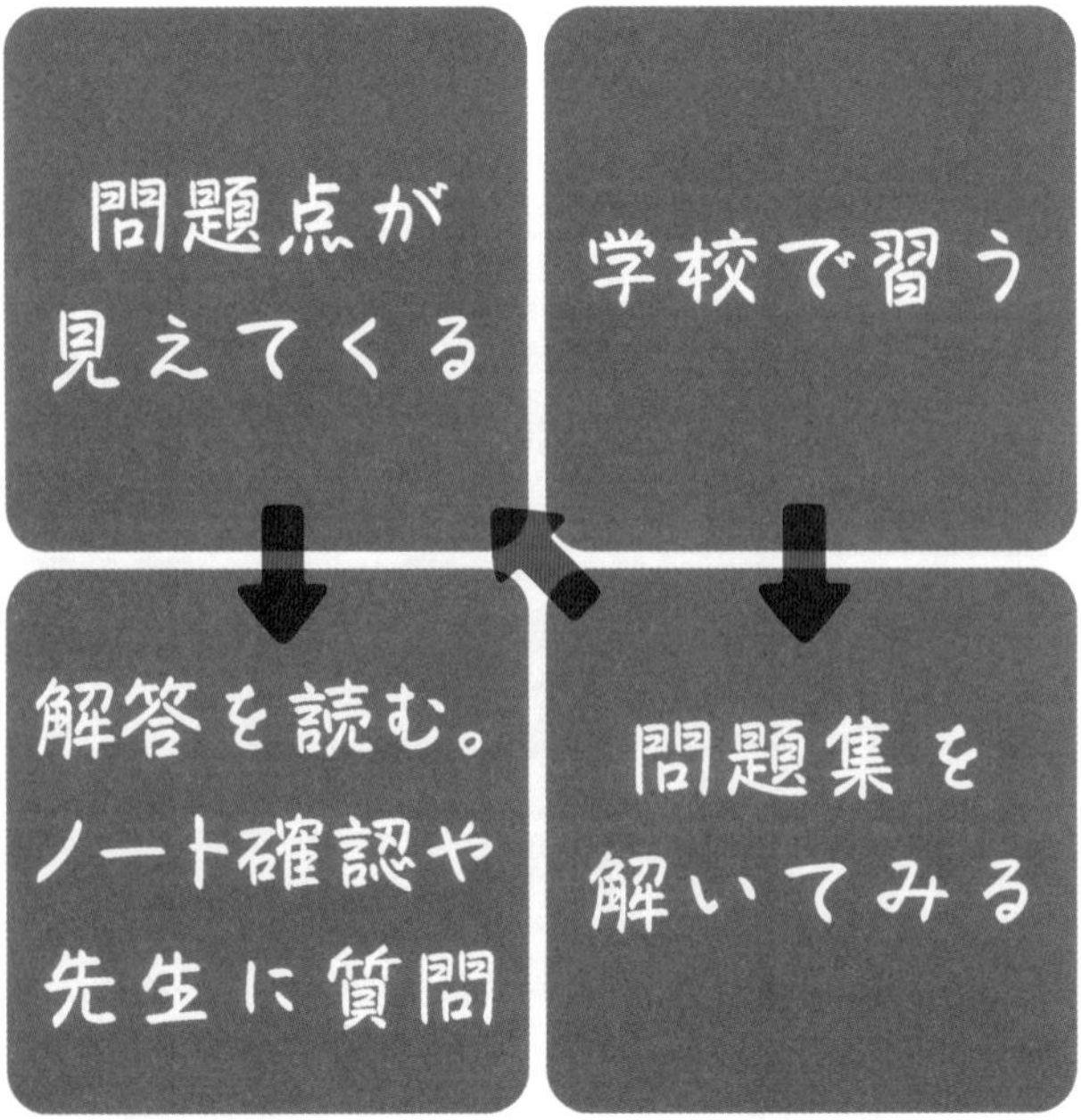
学校で習う
問題集を解いてみる
問題点が見えてくる
解答を読む。ノート確認や先生に質問

英語
数学
国語

社会
理科

正確な試験範囲は直前までわからないことも多いですが、授業のすすみ方からある程度予測することはできます。

中間テストの範囲が第1章だけで、期末テストの範囲が第2章から第4章なんてことは普通ないですよね。

目標に向けて、自分が今いる位置を実感できるというのはやる気を維持する上でも有効です。

「泳げるようになりたければ、怖がらずに水に入ってみる」

この考え方は勉強でも大切です。

もちろん、おぼれないための準備や安全対策は必要ですが。

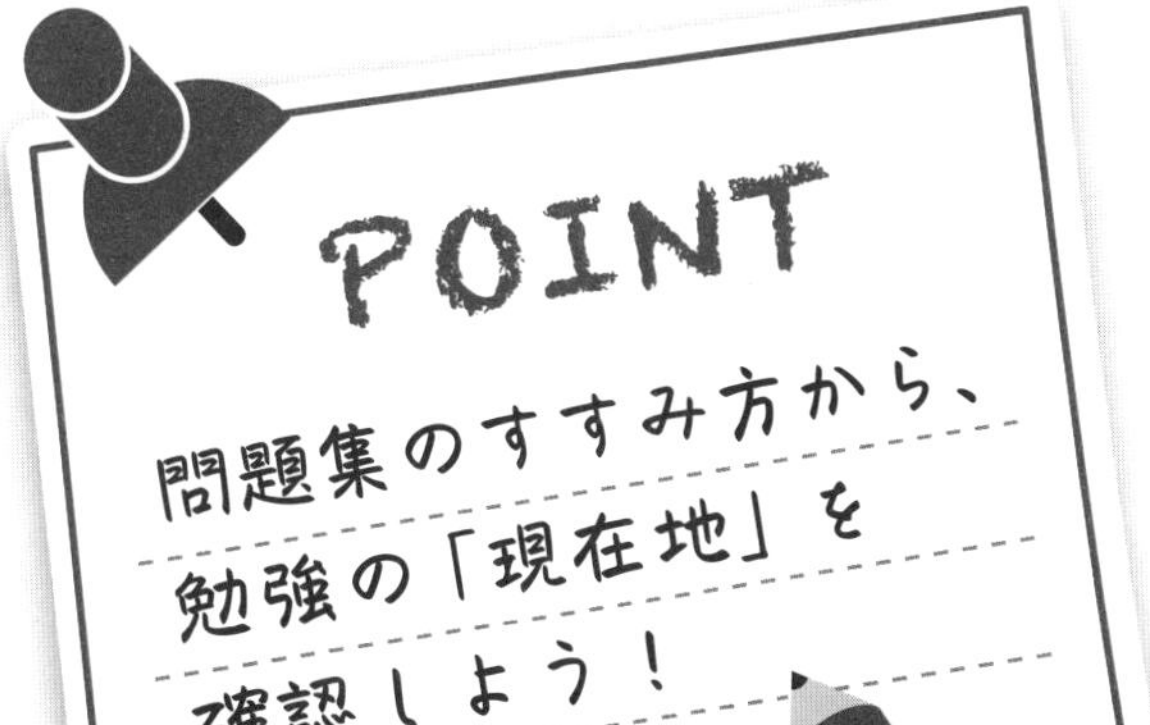
POINT
問題集のすすみ方から、
勉強の「現在地」を
確認しよう！

3 勉強が遅れてしまっていても、「いま」の勉強に取り組もう！

授業は基本的に「前回までの内容」を前提にすすみます。

したがって、前回までの内容がぬけていると理解できない確率が高くなります。

もちろん、必要に応じて復習を交えながら授業をすすめてくれる場合が多いですが、授業のほとんどは新しい内容を勉強します。

そして、現在勉強が苦手な人は、多かれ少なかれいままでの内容でぬけているところがあります。

つまり、「先生の説明が理解できず、授業の内容がわからない」「さらに次の授業の内容もわからない」という悪循環に陥ってしまいやすくなります。

このようなときは、「理解できないところまでもどって勉強を始める」よりも「**いまの授業内容の問題を解き始める**」ことをおすすめします。

なぜなら、「もどって勉強する方法」ではいつまでたっても現在の授業に追いつけないからです。

復習している間にも授業は先の内容にすすみます。

勉強が遅れてしまっている状態で、復習も現在の内容も同時にすすめるのは難易度が高く、現実的ではありません。

かわりに、「**いまの授業内容の問題を解き始めて、必要なところだけさかのぼって復習する**」のです。

問題を解いて、解説をみても理解できない内容や公式があれば、必要なところのみさかのぼって勉強し直します。

この方が、「勉強が遅れている」というばくぜんとした状態から、「○○がぬけている」と具体的な問題点をみつけやすくなるという意味でもおすすめです。

先週の授業でわからないところがある……
でも!
現在の授業に取りくもう!

POINT
勉強が遅れてしまっても、
現在の授業内容から
取り組もう！

もちろん、授業が先にすすまない夏休みなどの長期休みなどは、さかのぼって復習する絶好の機会です。

4 完全に理解できなくても問題集を解きはじめよう！

「必要な知識が身についていないうちに問題演習をしても意味がない。くりかえし教科書を読み直して内容を完璧に理解してから問題にとりかかるべき」という反論がそろそろ出てくるかもしれません。

もちろん、その考え方を否定するつもりはありませんし、その方法が合っている人にとっては当然おすすめの勉強法です。

しかし、教科書には「その学問を勉強する上では大切であるけれども、問題を解く上で直接必要ない知識」も書かれています。

数学の先生から怒られてしまうと思いますが、例えば定理や公式の証明などがそれにあたります。

これらは、数学の考え方を身につけたり、より応用的な内容を学ぶときに不可欠

となるため、必ず教科書にのっています。

もちろんはじめからそれらも理解できることが理想ではありますが、勉強が苦手な人にとっては公式を丸暗記してでも「まずは問題が解ける」ことが重要なのです。

問題が解けるようになってから「なぜこの公式が成り立つのだろうか？」「なぜこのように解けるのだろうか？」を考え、教科書にもどって勉強してもいいと僕は考えます。

例えば、テレビや掃除機など新しい電化製品を買ったとします。電化製品を買うと、いっしょに分厚い取扱説明書がついていることが多いです。説明書には基本的な使い方の他に、各パーツの名称やさまざまな機能が詳しく書かれています。

たしかに、この説明書を全て読み理解してから使った方が、正しく、いろいろな機能を使えますね。

しかし、僕はあまり気がすすみません。例えば掃除機だとすると、僕ならとりあえず使ってみます。

おそらくコンセントにつないで、電源を入れればごみは吸えるはずです。

説明書を読むとしても「基本的な使い方」や「使用上の注意」くらいです。

その後で「他に便利な機能はないか」など自分にとって必要な情報だけ確認します。

パーツの名前を覚えようとしたことはありません。

取扱説明書と教科書が同じとまではさすがに言いませんが、勉強でも「細かい理屈がわからなくてもまずは問題を解けるようになる」ことは決して邪道ではありません。

「問題が解けるようになったことでより深く勉強したくなった」という順番も王道の一つだと僕は考えます。

問題が解けるようになったらもう1度教科書を読み直してみてください。

きっと新しい発見があります。

POINT
「問題が解ける」
↓
「より深く知りたくなる」
↓
「教科書を読む」も
王道の勉強の1つ！

5 「予習」と「復習」では「復習」がより重要！時間をあけて何度もくりかえそう！

「予習と復習をしっかりとしましょう」というのは小学生のときから呪文のように何度も聞いてきたと思います。

実際、「予習、復習なんて必要ない」と考えている人はほとんどいないと思います。

しかし、**より重要なのは予習より復習**です。

なぜなら「予習では正しく理解できない場合が多い」からです。

予習のとき「これはこういう意味だろう」という予測が間違っていることも当然あり得ます。

もちろん、授業を受けてその間違いを訂正すればよいのですが、予習したときの印象が強く残ってしまうおそれもあります。

そこで、基本的には予習はせず、その時間は復習に回した方が良いというのが僕の考えです。

予習＜復習

例外として、**国語や英語については予習も重要**と考えています。

国語や英語の授業で扱う文章を授業中にはじめて読んで、その場で理解するのは難易度が高いです。

そこで、授業で扱うであろう文章を読んでから授業を受けることにより、より授業の内容を理解しやすくなります。

忙しい中学校生活の中で予習、復習の両方ともを完璧に行うのは多くの人にとって現実的ではありません。

どちらも中途半端になるくらいなら、思い切って復習中心にしてしまった方が良いと考えます。

それでは、より効果的に復習を行うためのアウトプット練習法を2つ紹介します。

それは「**時間をあけて復習する**」ことと「**何度もくりかえす**」ことです。

後ほど「忘れにくい暗記法」（66ページ）でも説明しますが、「**くりかえし思い出す**」**ことによって記憶は定着しやすくなります。**

「あれ、なんだったっけ？」とがんばって思い出したことが「忘れにくい記憶」すなわち「長期記憶」として定着するのです。

さらに、「同じ問題をくりかえし解く」ことにより、「思い出す回数を増やす」ことができます。

「前回できなかった問題が解けた」という成長を実感できるという効果もあります。

また、前回解けた問題でも、前回気づかなかったことに気づけたり、周辺の知識がみえてきたりと、らせん階段のようにくりかえし、より深く勉強することができます。

忘れたころに復習する

具体的な方法は、授業で勉強したことを当日か翌日に復習し、次は1週間後、さらにその1週間後のように間をあけて復習することをおすすめします。

教科ごとの復習の方法やタイミングは**PART 4**で紹介します。

POINT

・復習中心の勉強に変えよう！
・効果的なアウトプット練習法は「時間をあけて勉強する」ことと「何度もくりかえす」こと！

6 問題集は各教科1冊にしよう！参考書は分野を絞って活用しよう！

問題集

使用する問題集は各教科1冊あれば十分です。

学校で指定されている問題集やワークがあればそれが最も良いです。

なぜなら、**1冊の問題集で必要な知識や問題パターンはほとんど網羅している**からです。

ためしに何種類かの問題集を読んでみると、形式や問題数などに多少差はありますが、だいたい同じような内容と問題が並んでいます。そして、ほとんどの問題集は勉強すべき内容を網羅しています。

少なくとも基本から標準レベルの問題についてはどの問題集を使っても大きな差はありません。

したがって、問題集を何冊も持っていても似たような問題を解くことになってしまいます。

もちろん、さまざまな問題でアウトプットの練習をすること自体は効果的な方法です。

しかしそれならば、問題集は1冊にして、**どの分野から出題されるかわからない模試や入試の過去問を解く**方がおすすめです。

1点つけ加えると、1冊の問題集が完璧になってから「応用問題の問題集」や「参考書」を追加することはもちろん効果的です。

基本から標準問題はどの問題集も大きく変わりませんが、応用問題は難易度や種類もさまざまであり、問題集によってそれぞれ特色があります。

参考書

「参考書」も上手に活用することで勉強の効果を上げることができます。

「問題集の解答・解説を読んでもわからない」「くりかえし解いても解けるようにならない」というのは、勉強を続けていれば誰でも1度はぶつかる壁です。そのようなとき「参考書」は重宝します。

「参考書」は、数学なら「因数分解」、歴史なら「江戸時代」などテーマごとに非常にわかりやすく解説してくれます。確実に理解できるように工夫されて問題も配置されているので、「特定のテーマ」を理解する上で「参考書」は非常に有用です。

「1冊の問題集をくりかえし解くことを基本にして、集中的に勉強したい分野では参考書を活用する」という方法がおすすめです。

3年生の人は総まとめの参考書を活用して、長期休みなどに中1中2の総復習を行うことも強くおすすめします。

POINT

- 問題集は1冊を何周もくりかえそう！
- 1冊がほぼ完璧になったら、模試や入試問題で力試ししてみよう！
- 集中的に学習したい分野があれば参考書を活用しよう！

7 わからない問題は早めに聞こう！

「今日授業で教えてもらったのに、実際に問題を解こうとしたら解けない」なんてことはめずらしくありません。

このようなときは、まず解答・解説を読んだり、授業用ノートや教科書を見直します。

しかし、**それでも理解できない場合は、それ以上悩まずに質問すること**をおすすめします。

「いくら時間をかけても自分で答えを導き出せるまで悩みなさい」

「悩んでいる時間の分だけ実力は上がる」

という僕も言われたことがあるアドバイスを全否定するつもりはありませんが、いくら悩んでもわからないものはわかりません。

もちろん、応用問題や入試問題では基本的な知識や考え方を組み合わせることで解ける問題もあり、じっくり考えたり試行錯誤する経験は必要です。

しかし、それは基本的な知識や解き方を身につけた上での話です。

基本的な知識や解き方は「知る」以外に身につける方法はありません。

それならば、自力で理解できないことは質問してしまう方が効率的です。

見知らぬ街で駅への行き方がわからなくなったときのことを想像してみてください。

例えば、スマホか街にある地図で現在地や駅の位置を確認し、「2

番目の角を右」「そのあと3番目の角を左」のように覚えてその通りにすすめばたどりつけますね。

しかし、見知らぬ土地を地図1つで把握するのはなかなか難易度が高く、そもそも地図を見るのに慣れていなければより困難になります。

そこで、最も早く確実な方法は「駅はどこですか？」と近くの人に聞くことです。

地元の人なら一般的な行き方だけでなく、「黒い犬がいる家の角を右に曲がれば近道だよ」のように地図にのってない情報も教えてくれるかもしれません。

そして、たどり着いたあとで改めて地図を確認したり、自分で来た道を確認したりすれば、もう1回次回は自力でたどり着くことができるはずです。

同じように、解答・解説を読んでもわからない問題は「わかる人に聞く」ことが一番確実な方法なのです。

聞く相手は学校や塾の先生でも、その教科が得意な友達でもかまいません。

POINT
必要以上に悩まず、
わかる人に聞こう！

8 どんどん質問した方がよい人の特徴

質問する相手は親身になって教えてくれる人であれば誰でも大丈夫ですが、「質問するだけで驚くほど実力が上がる人」が存在します。

その人の特徴は**「2回目に自力で解けるように教えてくれる人」**です。

先ほどの道案内の例で考えていきましょう。

例えば、駅までの道を教えるときに

「駅の場所は○○町の□丁目△番だよ」

「この地図に書いてあるから見て」

のような説明をする人はあまり教えること自体気がすすまないのかもしれません。

また、

「駅はこのまままっすぐ行って2個目の角を左に曲がって、3個目の角を右に曲がって、さらに3個目の角を左に曲がったつきあたりだよ」や

「口で説明するのは難しいから連れて行ってあげるよ」

のように説明をしてくれる場合は、とても親切ですし駅にはたどりつくことはできますが、次回自力で行けるかは微妙ですね。

一方で、

「駅はむこうに見える高層ビルのすぐそばだから、目印にするといいよ」

「そうすると次の角はどちらに曲がればよいと思う？」

「このペットショップは目印としてわかりやすいからここを左に曲がるといいよ」

「ここは道が3つに分かれていて間違えやすいから気を付けてね」

のようにいっしょに歩きながら教えてくれると、次回は自力で行けそうですよね。

POINT

●くりかえし質問した方が良い人の特徴

1. わかりやすい言葉を使ってくれる
2. 『AだからB』のように簡潔な説明をしてくれる
3. こちらの反応をみながら、逆に質問して考えさせてくれる
4. 少し先から誘導するように教えてくれる
5. 重要なところをくりかえしたり強調してくれる

9 ヒトの脳は忘れるようにできている！

さて、困っている人が多いと思われる「暗記法」を紹介します。

「がんばって覚えたのにすぐに忘れてしまいます」という相談はこれまで数えきれないほど受けてきました。

しかし、忘れてしまうことは仕方ありません。

なぜなら**私たちの脳は忘れるようにできている**からです。

キーンコーンカーンコーン♪
忘れたっ!!
授業で覚えたつもり…

例えば今日覚えたことのうち7割以上は明日には忘れてしまうと言われています。

特に、勉強のように「忘れても命に関わらないこと」はより忘れやすくなります。

したがって記憶に残りにくい勉強についての情報は、工夫して脳に覚えてもらう必要があるのです。

ところで、「暗記法」とは「インプットの工夫」だと思っていませんか？

もちろんインプットのコツも存在するのですが、実は**「暗記法」の中心は「アウトプットの工夫」**なのです。

例えば、みなさんは自分の携帯電話の番号を言えますね？

しかし、苦労して暗記したわけではないですね。

なぜ、規則性もない11個の数字の列を苦労せずに覚えられたのでしょうか？

それは**「くりかえし見たり、くりかえし思い出したから」**です。

電話番号は友達に教えたり、さまざまな申込書に書いたりするときに何度も思い出して使います。

命に関わらないようなことでも、何度もくりかえし見たり使ったりすることで脳が「これは重要な情報だ」と認識するのです。

特に「自分の意思で思い出したこと」は長く記憶に残ります。

つまり、これと同じ現象を意図的に起こしてしまえば暗記力は飛躍的に上がるのです。

くりかえし見て思い出す

POINT

暗記の極意は
「くりかえし見る」
ことと
「くりかえし思い出す」
こと！

10 忘れにくい暗記法

それでは、暗記するために重要な「くりかえし見て、くりかえし思い出す」ことを習慣化できる方法を紹介します。

例えば、10日間で英単語を100個覚えたいとします。あなたならどのように暗記しますか？

多くの人は1日10個ずつ丁寧に覚えます。

何度も紙に「dog 犬 dog 犬 dog 犬 dog 犬」と書いたり、覚えるまで頭の中でくりかえしたり、語呂合わせを使ったりなど、さまざまな方法が思いつきますね。

この方法も決して間違いではなく、正しい暗記法の1つです。というよりも、**きちんと暗記できてしまえば、それは全て正しい暗記法です。**

しかし、これらの方法には弱点もあります。

それはせっかく暗記しても何日か経つうちに初めの方に覚えた英単語を忘れてしまうことです。

そこで「毎日くりかえす」のです。100個の英単語全てと10日間連続出会えばよいのです。

しかし、「dog 犬 dog 犬 dog 犬……」を100個の単語で毎日行っていては時間がいくらあっても足りませんし、何よりつらくて続きません。

そこでおすすめは「**100個の単語を1回ずつ音読する**」という方法です。がんばって覚えようとしなくても大丈夫です。

そして「ｄｏｇ」と音読するときに頭の中で「イヌ」の映像を、「ｃａｔ」と音読するときに「ネコ」の映像をイメージします。

これだけです。

これを1セットとして、それを10日間続ければ、100個覚えることができます。

「覚えようとしなくて本当に覚えられるのか？」と思うかもしれませんが、驚くほど本当に覚えられます。

なぜならば、この1セットのくりかえしで「くりかえし見て、くりかえし思い出す」を実践できているからです。

ただし、英単語では正しいつづり（スペル）で覚えていることを確認するため、開始後約1週間経過したときと、単語テストや定期テスト前には1回ずつ書くことをおすすめします。

また、「小テストが近い」など、特に早く覚えたい状況であれば移動時間やすきま時間に思い出そうとしてみてください。

「自分の意思で思い出す」ことで、より短い期間で覚えられまた長く記憶に残ります。この方法の最も良い点は「1度覚えると時間がたっても忘れにくい」ということです。

もちろん英単語以外でも同じ方法が使えます。暗記したいものは全てこの方法で暗記できます。

ただし、漢字や理科・社会の図などは、そのままの形で覚えるために音読だけでなく実際に書くことをおすすめします。

POINT

●暗記法まとめ

（英単語 100 個を覚えたい場合）

1. 英単語100個を1回ずつ音読する
2. 音読しながらdogならイヌの映像をイメージする
3. 1～2を毎日くりかえす
4. 開始1週間後に1回ずつ書いて正しいスペルで覚えられていることを確認する
5. 急いで覚えたいことは、すきま時間にくりかえし思い出す

まずは、次の小テストなどで実践してみてください。その効果を実感できるはずです。

11 恥ずかしがらずに音読は毎日しよう！

ここは特に強調します。

音読は毎日必ずしてください！

なぜ強調するかというと、実際にはしない人が圧倒的に多いからです。

気持ちはわかります。なんか恥ずかしいですし、家族に聞かれるのもイヤですよね。

しかし、それでも「音読」はしてください。「音読」をするだけで勉強の効果は飛躍的に上がります。

しないのは本当にもったいないのです。

「こんなに効果の高い方法を他の人がしていないのは差をつけるチャンス」と思ってぜひ行ってください。

ヒトにはそれぞれ「どのような情報を処理しやすいか」という特性があります。

例えば、映像など視覚の情報の方が理解しやすい人、音など聴覚の情報の方が理解しやすい人、言語の情報の方が理解しやす

い人などがいます。

勉強においても「教科書を読むほうが頭に入りやすい」、「先生の説明を聞いた方が理解しやすい」など「効果の高い勉強法」は人によって異なります。

しかし、**「音読」は全ての人に効果があります**。

「音読」では目で視た情報（視覚情報）を言葉として話して（言語情報）、自分の声が聞こえます（聴覚情報）。

つまりどのタイプの人にも有効なのです。

ヒトの脳は活動によって働く部位が異なります。

「音読」するときには言語野、聴覚野、視覚野など脳のさまざまな部位が同時に刺激されるため、記憶に残りやすくなるのです。

しつこいですが、もう1度言います。

音読は毎日必ずしてください！

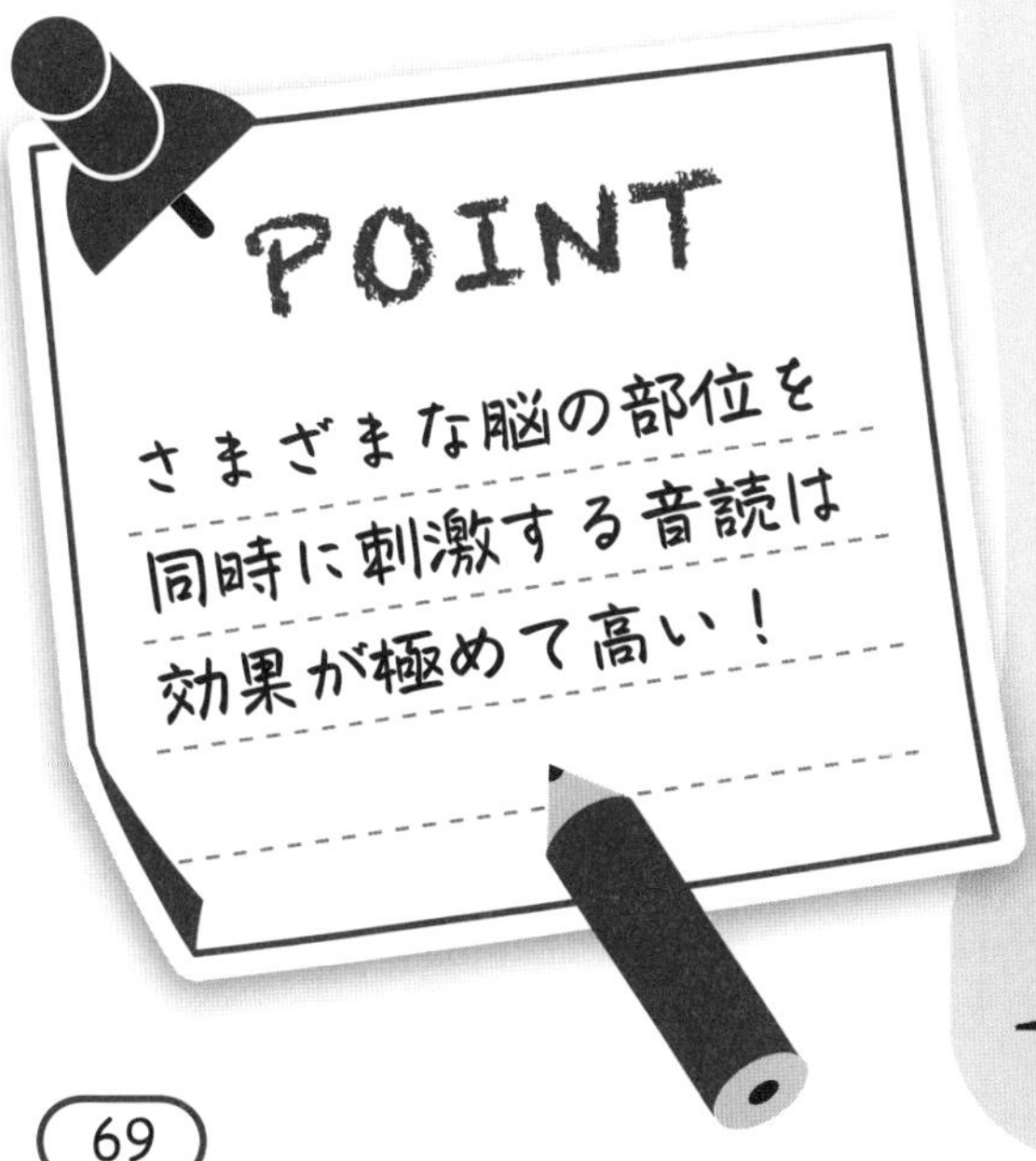
POINT
さまざまな脳の部位を
同時に刺激する音読は
効果が極めて高い！

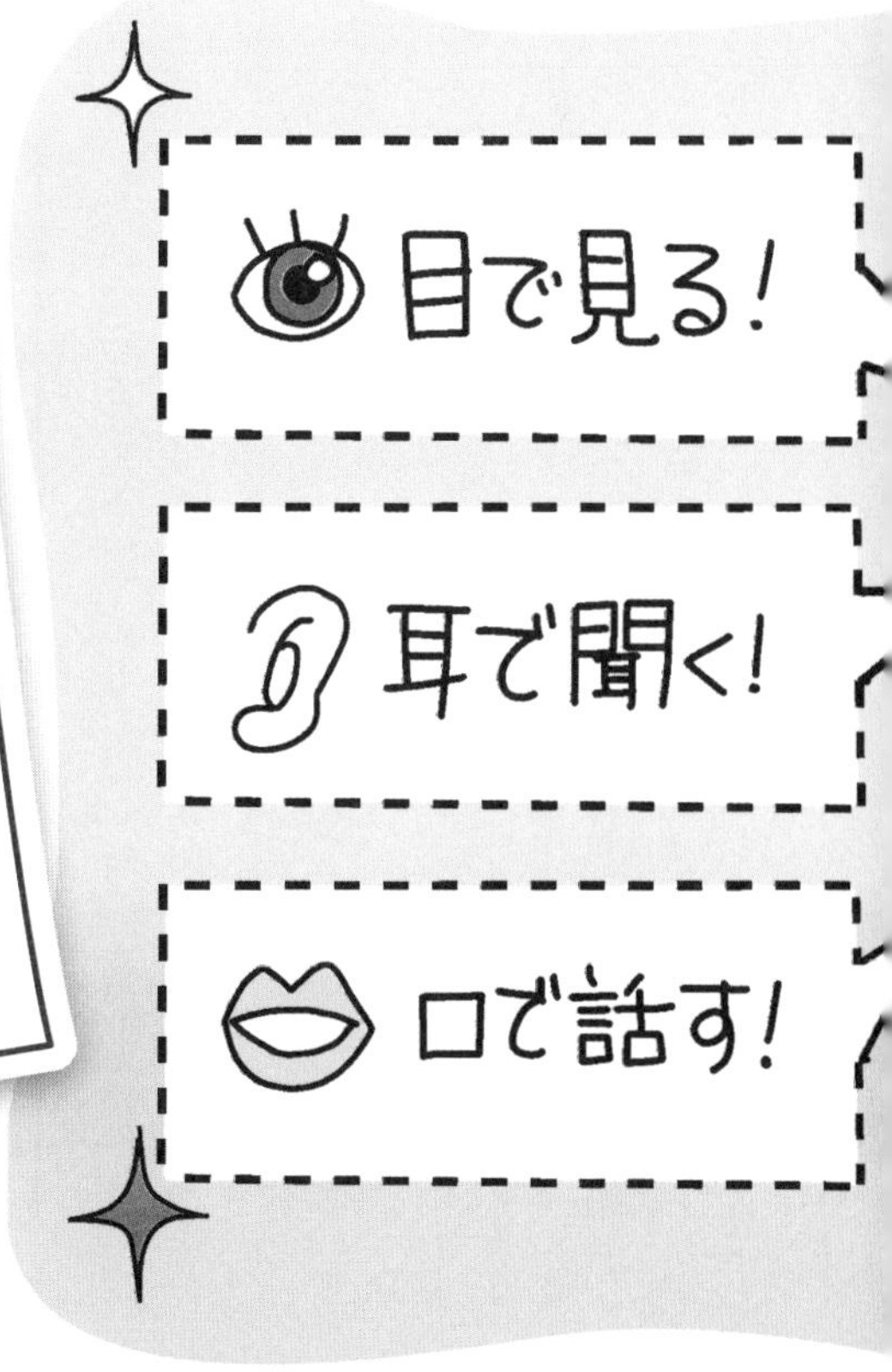
目で見る！
耳で聞く！
口で話す！

12

究極のアウトプット練習法は人に教えること！

人に教えると記憶がより定着しやすくなる！

さらに記憶が定着しやすくなるアウトプットの方法があります。

それが「人に教える」という方法です。

「人に教える」ためには、「知識があること」と「順序立てて説明できること」の両方が必要となります。

学校からあなたの自宅への行き方を友達に教えるときを想像してみてください。

まず、いつも学校から帰るときの道を思い出します。

つぎに、初めてその道を通る友達がわかりやすいように目印となる場所を思い出します。

そして、実際に友達が歩くことを想定しながら説明します。

すると「まず学校の東門を出て左に向かってね。次に酒屋さんがある交差点を右に曲がってね。しばらく歩いたら右側にコンビニがあるからその隣の赤い屋根の家が私の家だよ」のように説明できるのです。

タイムスリップ勉強法

「人に教えること」は非常に効果的な勉強法ですが、実際に毎日勉強のたびに友達や家族に付き合ってもらうのは現実的ではありませんね。

そこで、「人に教えること」を「ひとりで」できる勉強法を紹介します。

「タイムスリップ勉強法」と僕はよんでいます。

名前は大げさですが、方法は単純です。

理解できたと思ったら、「解き方を知らない過去の自分に解き方を教えてあげる」のです。

例えば、
x＋1＝3という方程式では

➡ x＋1＝3「方程式を解くためには『＝』の左をxだけにする必要があるよね」
「そのためにはxを含まない左側の『＋1』を右側に移したいよね」
➡ x＝3－1「『＝』を飛び越えて移動させる場合は『＋』と『－』がかわるから気をつけてね。
「＋1」が右側に移ってきて「－1」になったよ」
➡ x＝2「あとは3－1を計算すると、『x＝2』と求めることができたね」

といったように、問題が解けなかった過去の自分に優しく教えてあげるのです。

声は出せない状況では頭の中で説明してもかまいませんが、実際に声を出しながら説明するとより効果的です。

もちろん、知識を暗記したいときにも有効な方法です。

初めて勉強することも、「これをあとでどのように教えようか？」を考えると記憶に残りやすくなります。
「いま自力で解けなくても大丈夫。あとで教えられれば良い」
このように考えると、新しい問題に取り組むハードルも下がります。

POINT

● タイムスリップ勉強法
1. タイムスリップして過去の自分に教えるつもりで説明する
2. 授業のように声を出しながらの方がより有効
3. 初めて勉強するときも、「あとでどのように教えようか？」と考える

13 学習効果が高まる授業の受け方

この章の最後に勉強の効果が高くなる授業の受け方を3つ紹介します。

授業中だけでなく、まとめノートをつくるときなどにも効果的な方法です。

言いかえると「インプットのコツ」です。

アウトプットだけでなくインプットも工夫するとさらに勉強の効果は高まります。机の引き出しから必要なものをすばやく取り出すためには、「取り出しやすいようにしまう」ことも大切ですよね。

すなわち**「アウトプット」を意識した「インプット」の方法**です。

まず1つ目の方法は**「自分のことばで言いかえる」**ことです。

これは特に理科や社会で効果的です。

例えば社会の公民分野の「三権分立」について、「三権分立とは国会、内閣、裁判所の3つの独立した機関が相互に抑制し合い、バランスを保つことにより権力の濫用を防ぎ、国民の権利と自由を保障する仕組み」と授業で説明されたとします。

このまま覚えようとするだけでなく、「1つの組織が大きな力を持つと危険だから、3つに分けてお互いに悪いことをしないか見張らせる仕組みが三権分立」と言いかえたほうが頭に入りやすいですよね。

2つ目の方法が**「自分で小テストをつくる」**ことです。

これは授業用ノートやまとめノートをつくるときなどに特に効果的です。

例えば「三権分立では国会が立法権、内閣が行政権、裁判所が司法権をもつ」という知識を覚えたいとき、そのまま覚えるのではなく「三権をもつ3つの機関はどこ？」「その3つの機関がもつのはそれぞれ何権？」など小テストにしてしまうのです。

すると、ノートを見直すたびに自然にアウトプットの練習を行うことができます。

もちろんそのまま定期テストに出題される可能性も十分あります。

授業を受けながら、「今日の授業でどんな小テストを作れるだろうか？」と考えてみてください。

3つ目の方法が、「あとで誰かに教えることを意識する」ことです。

誰かに教えることで記憶が定着しやすくなることはすでに説明しましたが、授業を受けるときもこのことを意識することで、授業中の学習効果も上がります。

③
誰かに教える

「家に帰ったら今日の授業の内容を誰かに教えなければならない」という意識で授業を受けるのです。

すると、自然に「要点をわかりやすくまとめよう」と意識することができます。

このとき、「どんな授業だったか簡単に教えて？」と聞かれても即答できるように、「要点だけを3分間程度にまとめて話す」ことを意識するとより効果的です。

これらを意識し授業を受けると、復習もしやすくなり、効果も高くなります。

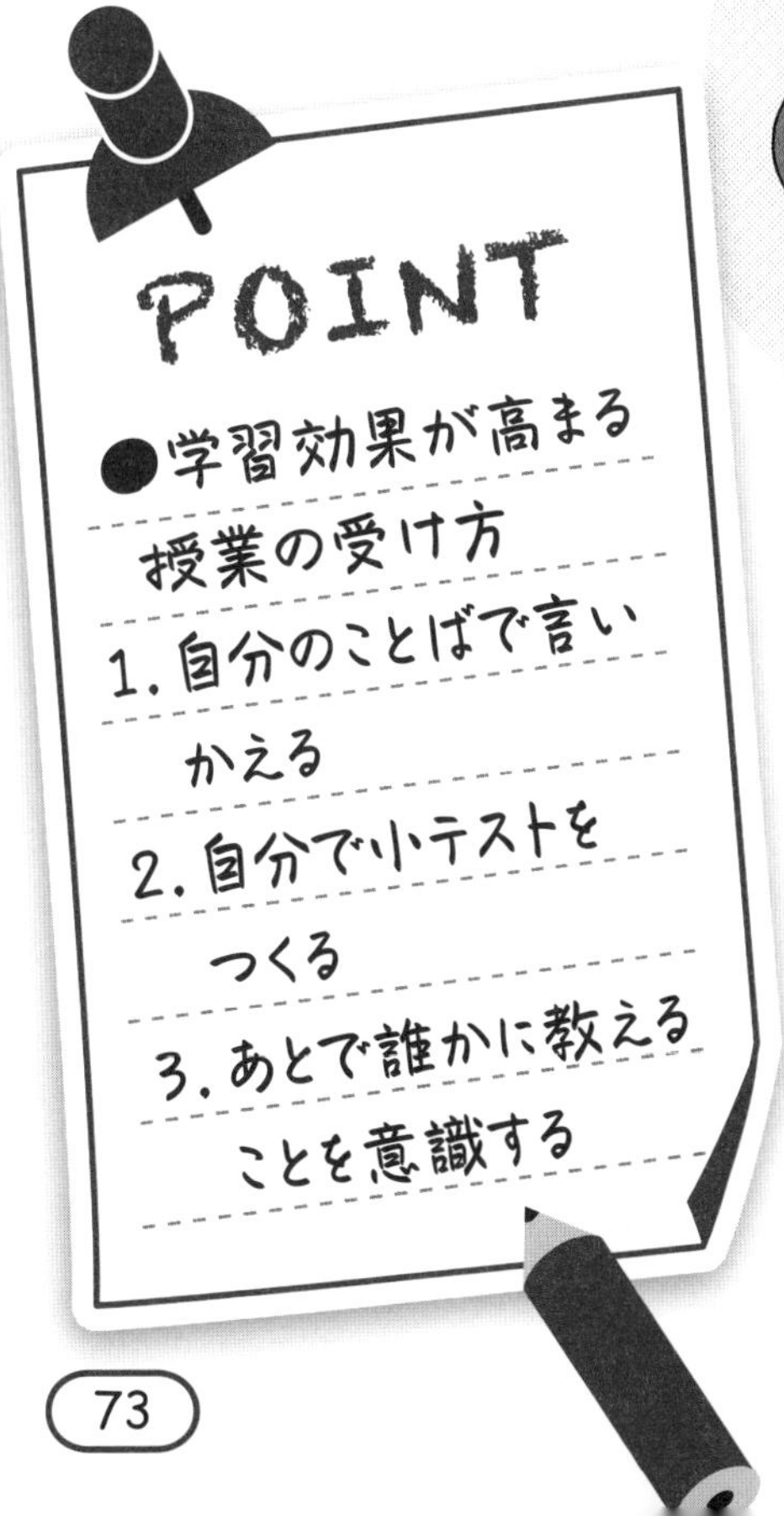
POINT
●学習効果が高まる授業の受け方
1. 自分のことばで言いかえる
2. 自分で小テストをつくる
3. あとで誰かに教えることを意識する

COLUMN

高校生になると勉強はどのように変わる？

高校に入ったら勉強はどのように変わるのでしょうか。実は高校生になったから勉強することが一変するわけではありません。中学生までに勉強してきたことをより深く掘り下げて勉強するに過ぎません。

この本で紹介した勉強法は引き続き全て使うことができます。ただし、科目、分野がより細かく分かれます。

例えば、中学生では社会は1つの教科でその中で地理分野、歴史分野、公民分野をそれぞれ勉強しますが、高校では「地理」という1つの独立した科目となります。歴史分野は「世界史」と「日本史」という2つの科目に分かれます。公民に至っては「政治経済」「現代社会」「倫理」という3つの科目に分かれます。勉強する内容も当然より高度なものになっていきます。その一方で、全ての分野を深く勉強するのは時間的に難しいので、より深く勉強する分野を選択する場面が訪れます。

まず、数学や理科などをより深く勉強する「理系」と、国語や社会などをより深く勉強する「文系」に大きく分かれ、さらに理科なら「物理」「化学」「生物」「地学」から2つあるいは3つ選びます。

大学入試でも、受験する大学や学部によって必要な科目が異なるため、大学受験を考えている人はそれを見据えて科目を選択する必要があります。

「範囲を限定してより深く勉強する」という考え方自体は高校卒業以降も現実的に必要ではあります。

しかし、経済学など文系に分類される分野でも、統計学など数学の知識や考え方が必要となる分野はたくさんあります。

また工学など理系に分類される分野でも、技術を社会に役立てるためには政治経済の知識や考え方は必須となりますし、場合によっては歴史などの知識や考え方がヒントになることもあります。

すすむ方向性を決める上で理系文系を選択するのは合理的ではありますが、比較的早い段階でどちらか一方を選択する現在の仕組みは少しもったいないように個人的には感じています。

PART・3

定期テストを意識した勉強法

定期テスト対策、2週間前からがんばったのに
間に合わないっておかしくないですか?
やることが多すぎなのよ!
確かにな!
ボクは1週間前からとりかかったさ!
当然間に合わなかったけどね…
どーん
だよね
確かに試験前はすることが多いよね
でも『定期テスト直前の勉強』と『普段の勉強』って何が違うと思う?
えーっ
例えば定期テスト前だと…
何もかも違いますよ

試験の範囲を暗記したり
教科書を確認したり
問題集を解き直したり
うんうん
あれ、でもテスト前以外の時期に暗記や問題集をやることは「定期テスト対策」になってるんじゃない？
いつもの勉強だって……
テストのためになるじゃん？
んんん？
テスト前って部活がなかったりクラスの雰囲気がなーんか変わったり勉強が増えたりして「非日常」っぽくなるよね
勉強ぜんぜんできてねーよ
ピリピリ
オレもだよ
なるなるー
でもテストに出るのは普段勉強してることなんだよ
まあ…そうだね
2学期のテストに3学期の単元は出ないでしょ？
つまり…やってないことは出ない
教科書
出たら怒るよ！

だから
普段している勉強がそのまま定期テスト対策になるようにしていこう
テスト前も普段と同じ勉強を続ければいいってこと？
日常の勉強
そのとおり！
もちろん1点でも高得点を取るためには「総復習」や「出そうなところを集中的に勉強」したりといった
非日常の勉強
定期テスト用の勉強も必要だよ
定期テスト直前は「日常」と「非日常」が混ざった勉強になるんだよ
へえー
具体的にはどうすればいいの？
まずは定期テストを意識して毎日の勉強を決める
定期テストが近づいたら
毎日の勉強を続けながら
定期テストの勉強も追加する
この方法がおすすめだよ
テストの日
毎日の勉強
テスト前の勉強

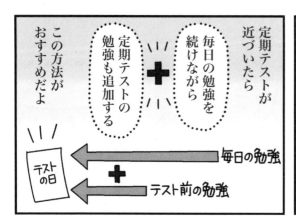

うん!
わかりました!
あ、でも…
テスト前の計画は立てるんだけど途中で計画通りいかなくなって…
うんうん
計画通りにいかないのはよくあることだよ大切なのはそのときの状況に合わせて
計画を修正すること!
え! 途中で変えてもOK?
もちろんだよ計画通りにやり切ることも大切だけど
合わなくなった計画にしばられて目標を見失ったら本末転倒だもんね
計画通りにいかない〜!
スケジュール
あきらめよ
あるある〜

例えば…
来週の日曜友達と遊びに行く計画を立てる
スケジュール
9時：待ち合わせ
10時〜12時：映画
お昼：ファストフード
14時：カラオケ
17時：家に帰る
サイコー!!
遊ぶぞー!!
例えばだって！
でも、日曜うっかり寝坊しちゃった！映画に間に合わない！
ヤバ
こんなときどうする？
もう一度寝る？
オイオイ
あきらめるな
私なら映画の時間を後にしてもらって先にカラオケに行くかなー
〜♪
ボクは映画以外で行けるところがないか探して予定を変更してもらうかな
うんうん

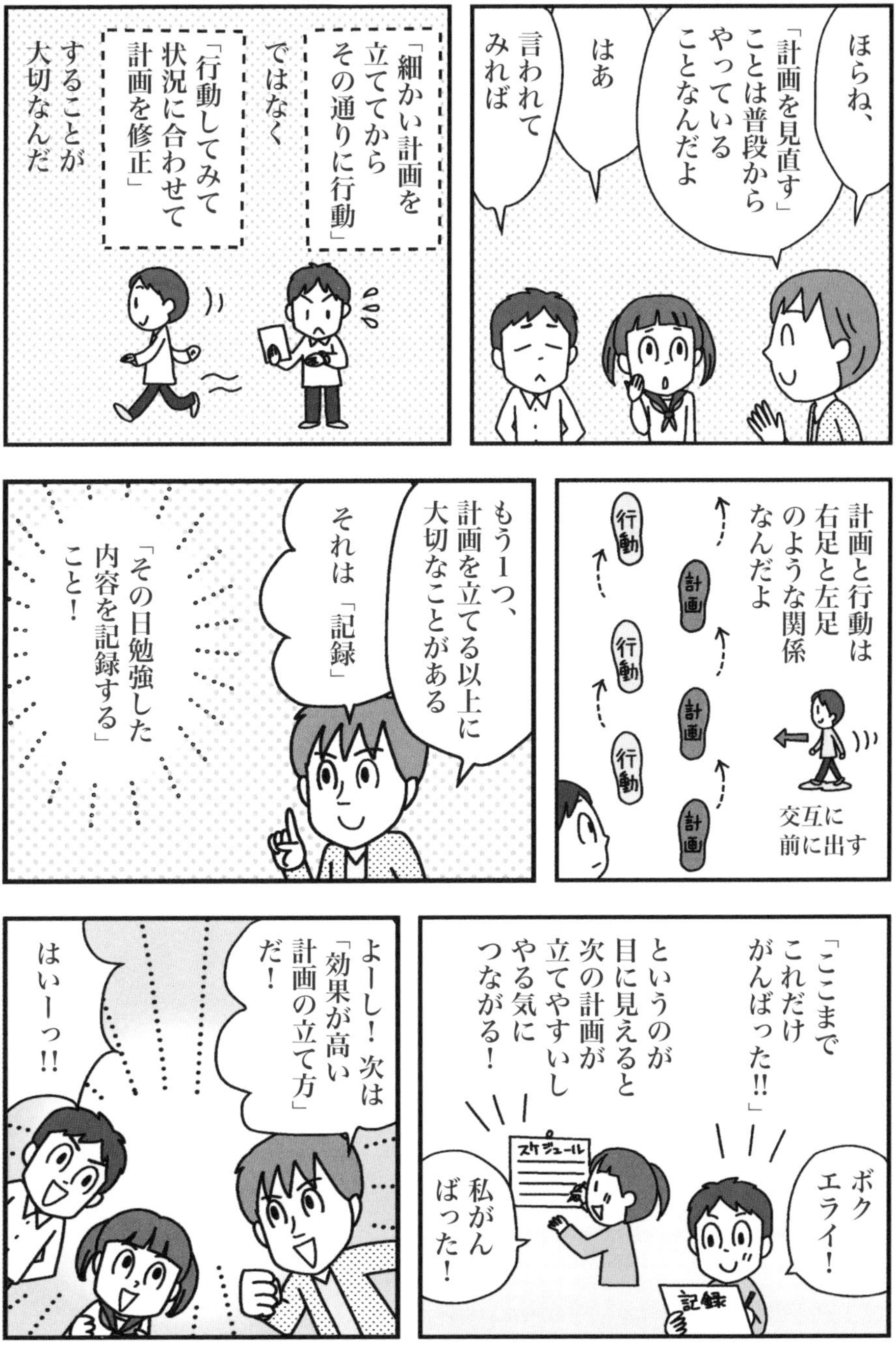
ほらね、
「計画を見直す」ことは普段からやっていることなんだよ
はあ
言われてみれば
「細かい計画を立ててからその通りに行動」
ではなく
「行動してみて状況に合わせて計画を修正」
することが大切なんだ
計画と行動は右足と左足のような関係なんだよ
計画
行動
交互に前に出す
もう1つ、計画を立てる以上に大切なことがある
それは「記録」
「その日勉強した内容を記録すること!」
「ここまでこれだけがんばった!!」
というのが目に見えると次の計画が立てやすいしやる気につながる!
スケジュール
ボクエライ!
私がんばった!
記録
よーし! 次は「効果が高い計画の立て方」だ!
はいーっ!!

1 定期テスト対策はいつから始める？

定期テストが近くなってくると、クラスの雰囲気も変わり、試験の話題が増えるなど、「非日常」となってきますね。

しかし、テスト直前だからといって勉強内容がそれまでと全てが変わるわけではありません。

なぜなら、毎日している勉強は定期テスト対策でもあるからです。

つまり**「定期テストを意識して毎日勉強する」**ことが大切なのです。

もちろん、テスト直前には試験範囲の総復習をしたり、テストに関する情報などをもとに1点でも点数を上げるための対策が必要なので、「定期テスト用の勉強」も必要となります。

「定期テスト用の勉強」は、テスト**約2週間前から追加する**ことをおすすめします。

ただし、あくまで「普段の勉強を続けながら、定期テスト用の勉強を追加する」すなわち「日常に非日常を加える」という方法がおすすめです。

そして、そのためには試験2週間前、3週間前に計画を立てるのではなく、試験が終わったらすぐに次の試験にむけた長期的な計画を立てることがおすすめです。

定期テストがある以上、「試験のための勉強」になることはある程度は仕方ありませんが、**勉強したことがどの程度定着しているかの確認と、その後の勉強に活かすための手段**すなわち**「勉強のための試験」**というのが本来の意義です。

長期的な計画を立てることにより、少しだけですが本来の目的に近づくことができます。

POINT

定期テストが終わったら、すぐに次の定期テストにむけた計画を立てよう！

2 計画はおおまかに決めて、少しずつ見直そう！

勉強に限らず、あらかじめ決めた計画が全て計画通りにすすむことはほとんどありません。

しかし、それで良いのです。

計画はあくまで目的を達成するために手段であり、計画通りにすすめることが目的となってはならないのです。

そこで、計画を立てるときは細かくがちがちな計画を立てるのではなく、**「いつまでにこんなことができればよい」というおおまかな計画を立て、必要に応じて計画を修正する**方法がおすすめです。

例えば、「6週間で問題集を3周解く」という計画を立てるとすると、だいたい2週間で1周終わらせることができればよいですね。

実際には、定期テスト対策の場合は授業に合わせて問題集をすすめれば良いので、むしろ受験対策など長期の計画を立てるときにこの考え方はより重要となります。

それでは実際の計画の立て方を紹介します。

実はすでに半分以上は終わっています。

PART1で大目標、中目標、小目標の立て方を紹介しましたね。

設定した中目標と小目標を期限を設定するなどより具体的にすれば計画は完成です。

あとは実際に勉強をすすめながら見直します。

例えば、「3週間で問題集を10ページ終わらせる」という計画に対して、実際に問題を解き始めたら1週間で合計5ページすすめることができました。

すると、「このままのペースでがんばればあと1週間で1周終わらせることができそう」と考え、期限を修正するのです。

反対にペースが遅れている場合は、期限を延長するかペースを上げるためにより多くの時間をかける必要があります。

ただし単純に期限を延ばしていくと全体の計画が崩れたり、目標を達成できなかったことでやる気の低下にもつながるため、期限は試験に間に合う範囲で余裕をもって設定することをおすすめします。

「計画」と「行動」を交互にくりかえすことで、一歩一歩目標へ歩みをすすめるのです。

ちなみに1週間ごとや1日ごとのスケジュール表を作りたい人もいると思います。

その方が勉強を続けやすい場合はもちろん作ってもかまいませんが、1点注意があります。

それは「19時から20時まで数学の問題集をする」のように「計画を時間で決めない」ことです。なぜならば、「重要なのは勉強時間ではない」からです。

17時でも19時でも勉強すべき内容は変わりませんし、例えば普段は1時間かかるところを40分で終わらせることができたならば無理に残り20分机に向かっている必要はありません。

反対に1時間を超えても途中で切り上げる特別な理由がなければ終わるまで続けた方が良いです。

あるいは集中力ややる気にあふれている日はぜひ2時間でも3時間でも続けてください。

そこで、週ごとや日ごとのスケジュール表をつくるときも、あくまで**「時間」ではなく「すべきこと」を書きだしてリストをつくる**方法がおすすめです。

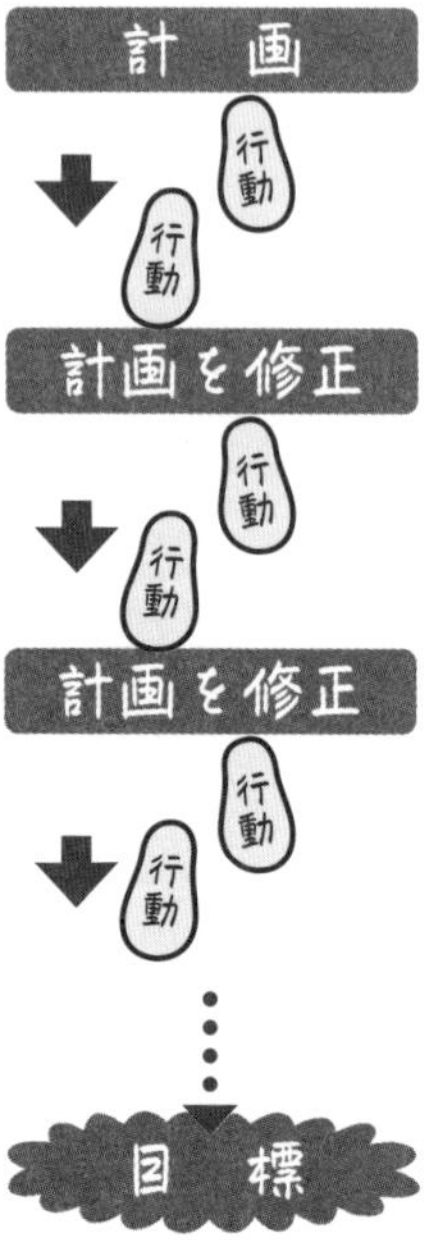
計画
行動
行動
計画を修正
行動
行動
計画を修正
行動
行動
目標

POINT

勉強のすすみを確認し、計画の微調整をくりかえそう！

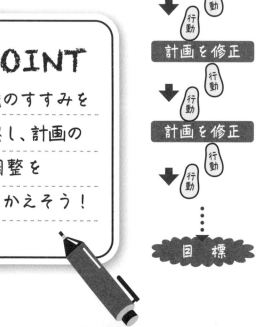

3 勉強の記録をつけよう！

1日の終わりに、「その日どのようなことを勉強したか」を記録することがおすすめです。

毎日記録をつけるのは少々面倒くさく、一見時間のムダのようにも思えます。

しかし、勉強の記録をつけると、いいことがいくつもあります。

まず、**現在の状況がわかりやすくなります。**「ここまでにできたこと」と「まだ終わっていないこと」と両方を認識することでより全体が見え、計画を修正しやすくなります。

また、**やる気を維持する上でも効果的**です。

フルマラソン42・195kmを走るとき、「あと30kmある」「あと20kmある」と考えるより、「すでに10km走ったからあと30km」「すでに20km走ったからあと20km。あと半分」と考える方が気持ちに余裕ができますよね。

さらに、**自分の傾向をつかむことができます。**

「このようなとき勉強量が少なくなってしまう」「1日さぼっただけでその後のすすみが悪くなった」「意外と音読は毎日忘れずにできている」などの発見をすることができます。

以上の理由から**計画と記録の両方を行うことができる「計画・記録ノート」をつくる**ことをおすすめします。

勉強した量が目でみてわかるように、全教科で1冊のノートでかまいません。

教科別の具体的な勉強内容は**PART4**を参考にしてください。

次のページに「計画・記録ノート」の例を紹介します。教科は英語です。

計画・記録ノート〈例〉

《計画表》

[試験範囲]

◎教科書⇒○○ページ〜

◎問題集⇒○○ページ〜

[計画]

● 試験まで問題集を3周解く。

● 教科書、問題集にでてくる英単語・英熟語を全て暗記する。

● 教科書、問題集にでてくる例文を全て「英語→日本語」「日本語→英語」に直せるようにする。

● 教科書、問題集にでてくる英語長文を全て和訳できるようにする。

[毎日すること]

● その日授業で扱った英単語・英熟語を単語・熟語ノートにまとめる。

● その日授業で扱った例文を和文・英文ノートにまとめる。

● その日授業で扱った内容に該当する問題集の範囲を確認する。

● 単語・熟語ノート、和文・英文ノート、教科書を音読する。

[記録]

6／1　授業：教科書10ページ〜11ページ　現在進行形初回
問題集32ページ　問題番号7〜12(1周目)⇒次回6／8
単語・熟語ノート音読10〜15ページ
和文英文ノート音読8〜10ページ
教科書音読10〜11ページ

6／2　授業：なし
問題集32ページ　問題番号13〜18(1周目)⇒次回6／9
単語・熟語ノート音読11〜16ページ
和文英文ノート音読9〜11ページ
教科書音読10〜11ページ

6／3　授業：教科書12ページ〜13ページ 現在進行形2回目
単語・熟語ノート音読12〜17ページ
和文英文ノート音読10〜12ページ
教科書音読12〜13ページ

POINT

●計画・記録ノートのつくり方

1. 試験範囲を書く

計画を立てる時点では「どこまでが試験範囲」かはわからないので、「どこからが試験範囲」かだけ記入します。

2. おおまかな計画を立てる

「問題集を3周解く」など柱となるおおまかな計画を決めます。

3. 毎日の勉強を書く

音読など日によって変わらない勉強を書きます。

4. 毎日の終わりに勉強の記録をつける

ページ数などがわかるようにすれば、くわしい内容まで記録する必要はありません。

全教科合わせて10〜15分以内に終わる程度の記録でかまいません。

大切なのは、「次の予定」です。

「今日は問題集32ページの1周目がおわったら次は1週間後に2周目をやろう」などです。

毎日勉強する前に記録を確認し、勉強する計画になっているものがないか必ず確認します。

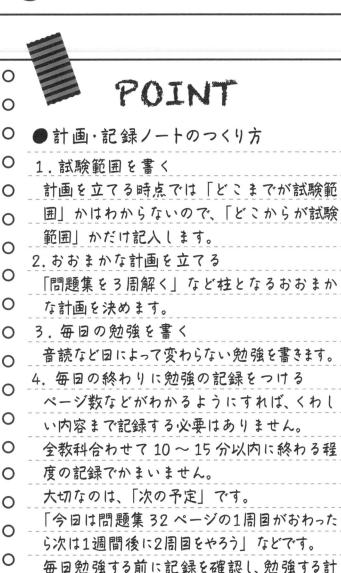

4 教科書や授業ノートをきれいにまとめただけのノートはつくらない！

「授業用ノート」「問題集用ノート」の他に「まとめノート」をつくる人は多いと思います。
たしかに「まとめノート」をつくることにより、「覚えるべき内容や要点がわかりやすくなる」「まとめるときにきちんと理解しているかどうか確認できる」などの利点があります。

しかし、「まとめノート」には、**「勉強の効果が高くなるまとめノート」と「勉強の効果が高くならないまとめノート」の両方がある**ので注意が必要です。

「勉強の効果が高くならないまとめノート」の代表例が、「授業用ノートや教科書をきれいにまとめ直しただけのノート」です。

きれいな字でカラフルに色分けされ、要点がイラスト付きで強調されているようなノートはたしかに魅力的です。

授業用
NOTE
理科
1-A 松田康太
問題集用
NOTE
理科
問題集用
コータ
まとめノート
まとめノートはつくる？つくらない？

しかし、よくみると教科書や授業ノートと同じ内容が書かれているだけで、要点がまとまっておらず、そこまで重要でない点が強調されているような場合があります。

「書き写す」だけでもある程度の学習効果はあるため、完全に無意味とは言えません。

しかし、つくるためにかかる時間と比べて効果は低いためあまりおすすめはできません。

一方で、勉強の効果が非常に高くなる「まとめノート」もあります。

「勉強の効果が上がるまとめノート」の特徴は**『どのように使うか』を考えてつくられている**ことです。

「まとめノート」はあくまで効果的に勉強するための手段です。

ノートをまとめることが目的ではありません。

つくったノートで実際に勉強することで、はじめて意味をもちます。

また、**絶対にまとめノートをつくる必要があるわけではありません。**

まとめノートなしでアウトプットの練習ができるなら、まとめノートをつくるためにかかる時間の分だけ練習量を増やすことができます。

POINT

まとめノートをつくるときは「つくったノートでどのように勉強するか」を考えよう！

5 「勉強の効果が上がるまとめノート」のつくり方

それでは「勉強の効果が高くなるまとめノートのつくり方」を紹介します。

「まとめノート」をつくるときのポイントは3つです。それは**「自分の言葉で言いかえて説明すること」**と**「自分で小テストをつくること」**そして**「図を自分で書くこと」**です。

はじめの2つは、記憶に残りやすくなる方法として**PART2**で紹介しましたね。

加えて、**社会や理科では教科書の図は全て自分で書いてみること**をおすすめします。

「教科書のコピーをノートに貼り付けて修正テープで穴うめにする」などの方法は、見た目はきれいですが穴埋め問題にしか対応できない可能性があります。

白紙の状態から図を書けるようになれば、問題を解くときにも頭の中で図を描くことができ、どの形式の問題にも対応できるようになります。

理科のまとめノートを例に説明します。

生物分野の食物連鎖を例にとります。

食物連鎖とは「自然界の生物同士の間にある、食べる・食べられるの関係のつながり」です。

テストで出題されたときはその通りに書く必要があるので、1度そのままノートに書きます。

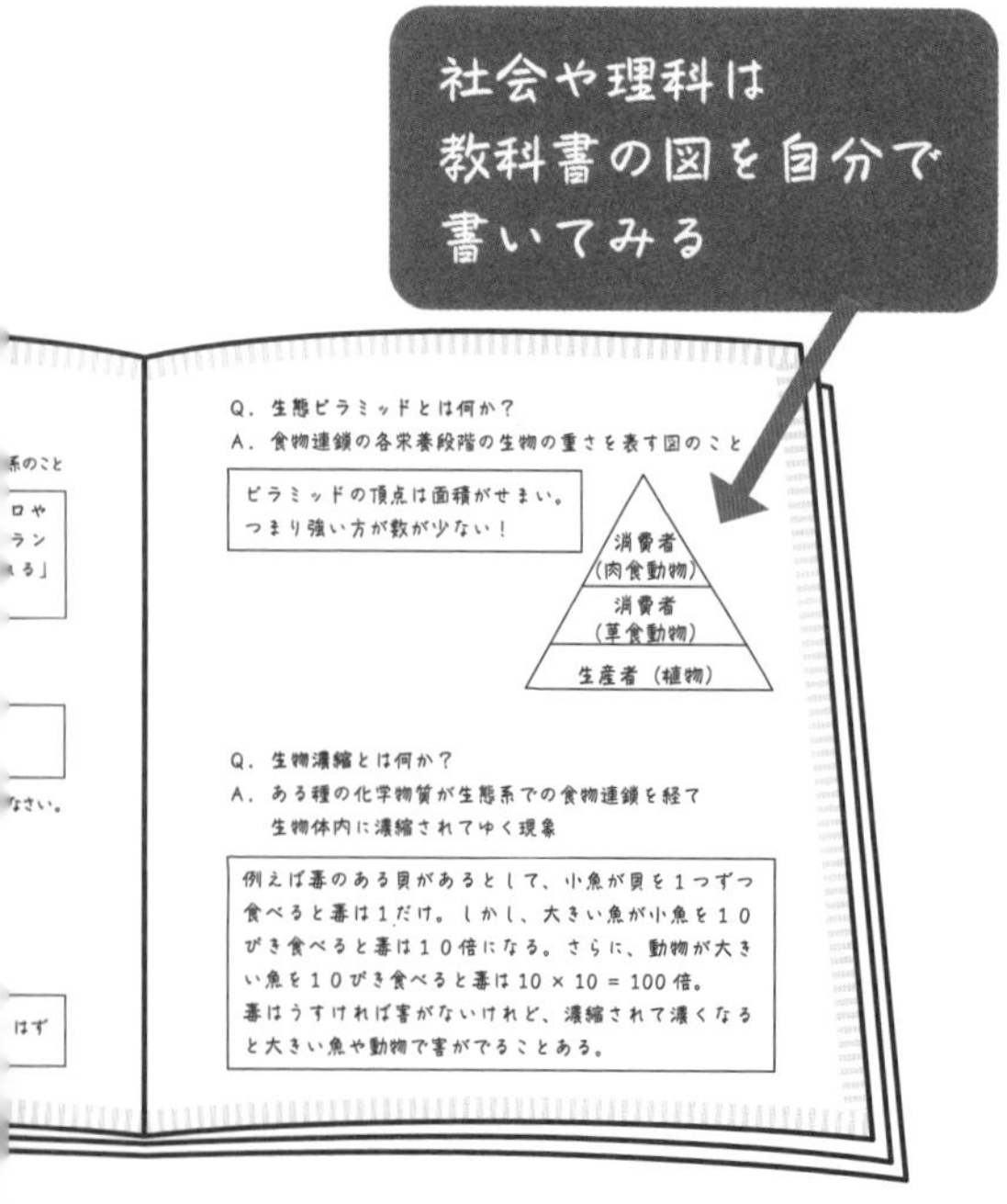
社会や理科は
教科書の図を自分で
書いてみる
Q. 生態ピラミッドとは何か？
A. 食物連鎖の各栄養段階の生物の重さを表す図のこと
ピラミッドの頂点は面積がせまい。
つまり強い方が数が少ない！
消費者（肉食動物）
消費者（草食動物）
生産者（植物）
Q. 生物濃縮とは何か？
A. ある種の化学物質が生態系での食物連鎖を経て
生物体内に濃縮されてゆく現象
例えば毒のある貝があるとして、小魚が貝を１つずつ食べると毒は１だけ。しかし、大きい魚が小魚を１０ぴき食べると毒は１０倍になる。さらに、動物が大きい魚を１０ぴき食べると毒は 10 × 10 = 100 倍。
毒はうすければ害がないけれど、濃縮されて濃くなると大きい魚や動物で害がでることある。

しかしここで終わりにせず、つづけて「私たちはマグロやサンマなどの魚を食べる。マグロやサンマはもっと小さな魚を食べる。小さな魚はプランクトンを食べる。このように「食べる」「食べられる」の関係が「鎖《くさり》のようにつながっている」から『食物連鎖』」と自分の言葉でもっとわかりやすく言いかえてみるのです。

言いかえた表現は実際に書かなくてもかまいません。

すると、「食物連鎖とはだいたいこういう意味だったな」とイメージをもつことができ、難しい用語の意味も覚えやすくなるのです。

つづけて小テストをつくりノートに書きます。「食物連鎖とは何か？」という用語の意味から始まり、「食物連鎖における3つの役割は？」「水中における生産者、消費者、分解者の例を1つずつあげなさい」「動物プランクトンと植物プランクトンのちがいは？」など**覚えるべき知識は全て小テスト化してしまう**のです。

テスト本番でもそのまま出題される可能性は十分あります。

そして、**つくったノートは時間をあけて見直し、自分がつくった小テストを解くことにより復習とテスト対策の両方を行うことができます。**

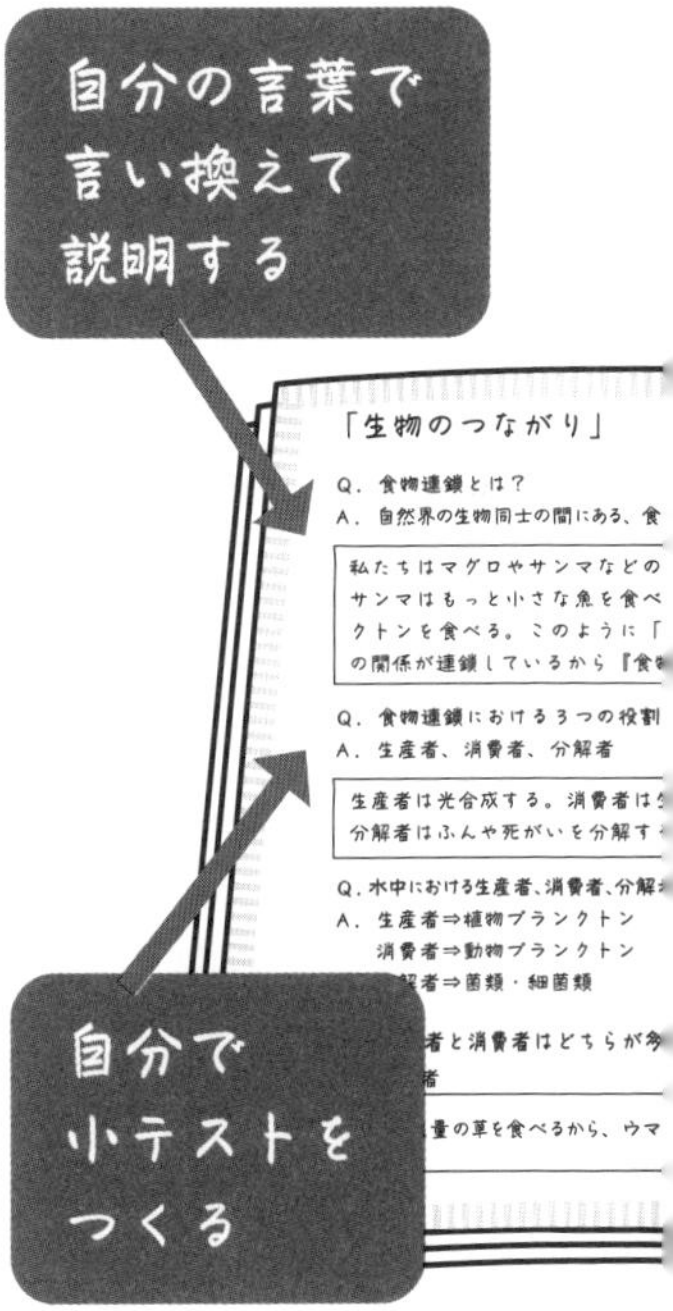
自分の言葉で言い換えて説明する
「生物のつながり」
Q．食物連鎖とは？
A．自然界の生物同士の間にある、食
私たちはマグロやサンマなどの
サンマはもっと小さな魚を食べ
クトンを食べる。このように「
の関係が連鎖しているから『食
Q．食物連鎖における３つの役割
A．生産者、消費者、分解者
生産者は光合成する。消費者は
分解者はふんや死がいを分解す
Q．水中における生産者、消費者、分解
A．生産者⇒植物プランクトン
消費者⇒動物プランクトン
者⇒菌類・細菌類
自分で小テストをつくる

POINT

- 効果的なまとめノートのつくり方
  1. 自分の言葉で言いかえる
  2. 自分で小テストをつくる
  3. 教科書の図は自分で全て書く

まとめノート〈例〉

Q．生態ピラミッドとは何か？

A．食物連鎖の各栄養段階の生物の重さを表す図のこと

ピラミッドの頂点は面積がせまい。
つまり強い方が数が少ない！

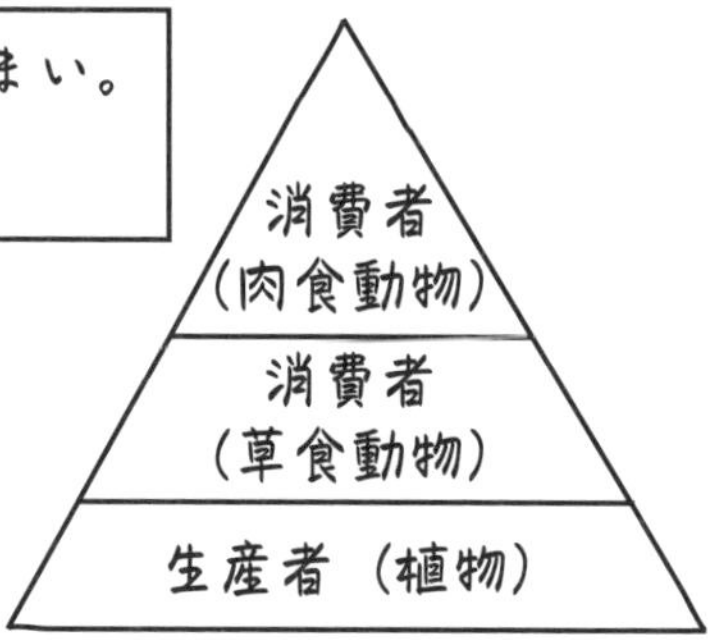

Q．生物濃縮とは何か？

A．ある種の化学物質が生態系での食物連鎖を経て生物体内に濃縮されてゆく現象

例えば毒のある貝があるとして、小魚が貝を１つずつ食べると毒は１だけ。しかし、大きい魚が小魚を１０ぴき食べると毒は１０倍になる。さらに、動物が大きい魚を１０ぴき食べると毒は 10 × 10 ＝ 100 倍。

毒はうすければ害がないけれど、濃縮されて濃くなると大きい魚や動物で害がでることある。

「生物のつながり」

Q. 食物連鎖とは？
A. 自然界の生物同士の間にある、食べる・食べられるの関係のこと

私たちはマグロやサンマなどの魚を食べる。マグロやサンマはもっと小さな魚を食べる。小さな魚はプランクトンを食べる。このように「食べる」「食べられる」の関係が連鎖しているから『食物連鎖』。

Q. 食物連鎖における３つの役割は？
A. 生産者、消費者、分解者

生産者は光合成する。消費者は生産者を食べる。
分解者はふんや死がいを分解する。

Q. 水中における生産者、消費者、分解者の例を１つずつあげなさい。
A. 生産者⇒植物プランクトン
消費者⇒動物プランクトン
分解者⇒菌類・細菌類

Q. 生産者と消費者はどちらが多いか？
A. 生産者

ウマは大量の草を食べるから、ウマの方が草より多くなるはずがない！

6 テスト2週間前、前日の過ごし方 テスト当日に行いたいこと

2週間前

テストまで残り2週間を切ったら、日常の勉強に定期テスト用の勉強を追加します。定期テスト用勉強もあくまで普段行っている勉強の延長です。

ここまで日常の勉強をしっかり続けているのなら、あわてる必要はありません。あとは仕上げをするだけです。暗記なども、落ちついていつも通り続けます。

具体的には、試験まで残り2週間となったらまずは正確な試験範囲を確認します。

つぎに該当する問題集の範囲も確認し、どこまですすんでいるかを確認します。

また、配られたプリントなどが全てそろっているかを確認します。試験範囲の教科書、プリント、問題集、授業用ノート、まとめノートを全て確認し直します。

具体的な対策は教科ごとに異なるので、それはPART4で紹介します。

前日

試験対策をほとんど終えた状態でテスト前日をむかえたいところです。基本的にテスト前日には新しいことは始めません。あくまで、これまで勉強してきたことの最終確認を行うだけです。教科書や問題集の問題は、見てすぐに解き方が思い浮かべば解かなくてもかまいません。思い浮かんだ解き方が正しいかだけ解答・解説で確認します。問題をみてすぐに解き方が思い浮かばない問題や、不安が残る問題だけ解き直します。あとは教科書や授業ノート、まとめノートの小テストを中心に見直します。

教科ごとの対策はPART4で紹介します。

POINT

●テスト2週間前からの過ごし方

1. 正確な試験範囲（教科書、問題集、プリントなど）を確認する
2. 問題集のすすみ状況を確認する
3. 教科書、プリント、授業ノート、問題集、まとめノートの総復習、解き直しをする

そして、テスト前日に最も大切なことは、**「いつも同じ時間に寝る」**ことです。

多少不安が残っても決して夜更かしはしないでください。当日寝不足で実力を発揮できないのが一番もったいないです。

POINT

●試験前日の過ごし方

1. 問題をみてすぐに解き方が思いうかべば、解答を確認して終了
2. 問題をみてすぐに解き方が思いうかばなかったり、不安が残る問題は解き直す
3. まとめノートを見直し、小テストを解き直す
4. 教科書、授業ノートを見直す

当日

テスト本番で冷静にいつも通りの力を発揮できるように、登校してからの過ごし方も大切です。

テスト開始直前まで勉強を続けることはおすすめしません。100メートル走の本番直前に、あわててハードな練習をしても疲れてしまうだけで逆効果ですよね。**まとめノートなどをぱらぱらと確認する程度**にしておくのがおすすめです。

ただし、**「試験教科の脳」に切りかえること**は大切なので、数学なら計算問題を1～2問解いたり、英語なら読みなれた英文を短時間読むことは効果的です。本番前の準備運動ですね。

また、もう1つぜひおすすめしたいことがあります。それは**「目を閉じて深呼吸をする」**ことです。目を閉じてゆっくりと深呼吸すると、心が落ち着き、集中力が上がる効果があります。つまり、テスト本番で冷静にいつもの力を発揮しやすくなるのです。

具体的には「5秒かけて鼻から息を吸い、10秒かけて鼻から息をはく」方法がおすすめです。

息苦しく感じたらもう少し短くしてもかまいませんが、息をはく時間を長くすることが大切です。

POINT

●テスト当日に登校してから行いたいこと

1. テスト開始時間ぎりぎりまで勉強は続けない
2. 数学なら簡単な計算、英語なら短い英文を読み、頭を慣らす
3. 目を閉じてゆっくり深呼吸をする

7 テスト中の心構えと注意点

テストが開始してから、最も大切なことは「**いつも通りの力を発揮する**」ことです。

そして、そのためには「**平常心を保つ**」ことが必要です。動揺して混乱してしまうと、普段は解けていた問題が解けなくなってしまいます。

しかし、解けない問題に出会ったり、覚えたはずの知識が思い出せなかったり、残り時間が少なくなったりすると誰でも動揺します。

そして、どれだけ準備しても予想外のことが起こるのがテストです。

そこで、「動揺しないようにする」のではなく、「**予想外の事態に動揺しても、混乱せずに冷静さを取りもどす**」ことが「平常心を保つ」という意味です。

そのための方法をいくつか紹介します。

その方法とは「**時間配分に気をつける**」「**テスト中にすることを決めておく**」「**動揺したときの対処法を決めておく**」の3つです。

まず、1つめが「**時間配分に気をつける**」ことです。

「時間が足りなくなる」ことは最も動揺しやすい原因の1つです。

「落ち着いて時間をかければ解けたはずの問題が解けなかった」という恐ろしいことが起こります。

そこで、テスト中は時間の管理が非常に重要となります。

例えば60分間のテストで大問が4つあると、大問1つにかけられる時間は単純計算で15分です。

しかし、本当に15分間かけてしまうと、見直しの時間や予想外の事態に対応する余裕がなくなってしまうので、おおむね12～13分で解けば余裕ができますね。

そして、もし12～13分で終わらなければ、先に他の大問に移ることも必要です。

また、「どのような問題をどのくらいの時間で解くことができるか」を知っておけば、「大問1は10分くらいで終わりそう、大問2は15分はかかりそう」のようにより細かい時間設定が可能となります。

そこで、**普段勉強するときから時間を意識し、問題を解くのにかかった時間を測ることを**おすすめします。

次に**「テスト中にすることを決めておく」**ことです。

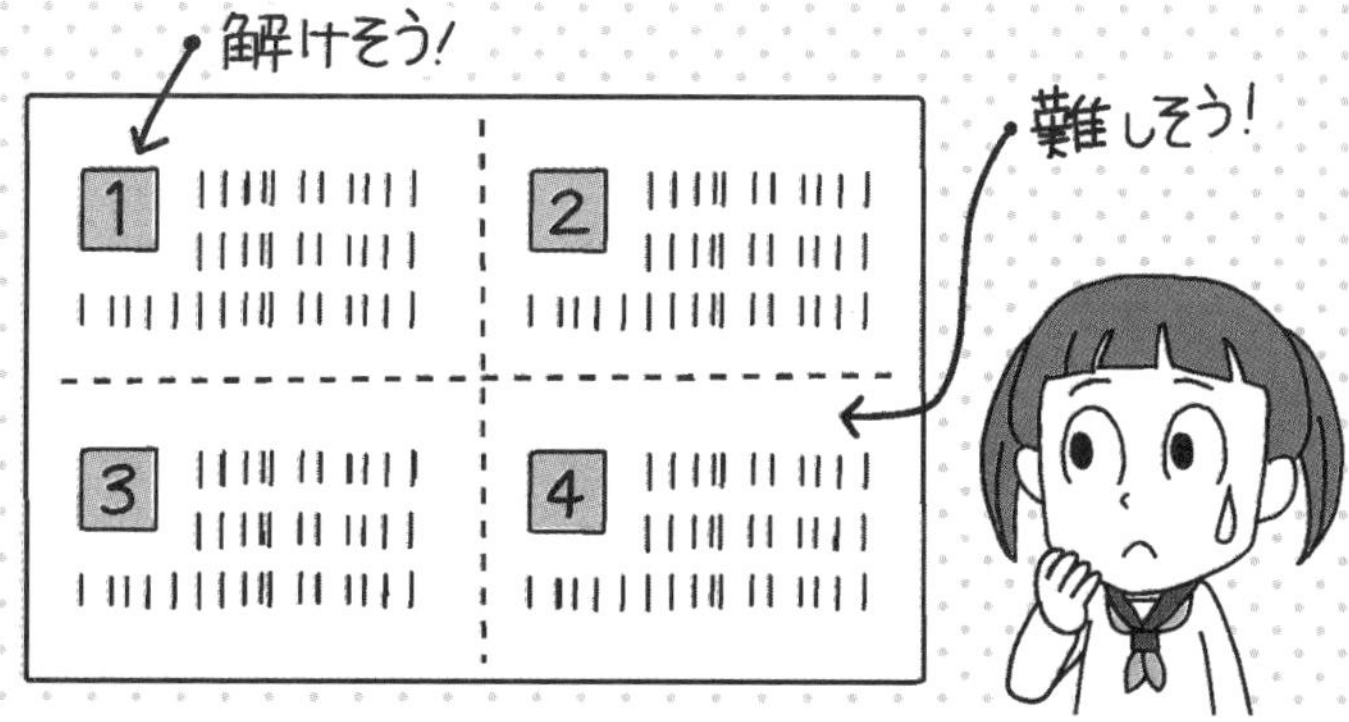

テスト中は必ず予想外のことが起こりますが、「予定通り」のことを決めておくと平常心を保ちやすくなります。

まず、**テスト開始の合図があったら、ぱらぱらとテスト全体を見渡します。**

大問の数や問題量をみて、先ほど説明したようにおおまかな時間配分を決めます。

そして、「見覚えがあり確実に解けそうな問題」「解くのが難しそうな問題」がどのくらいあるかを確認します。

ここまでを1分以内で行います。

そして、**「絶対に落としたくない基本問題」から確実に解いていきます。**

必ずしも「大問1」から順番に解く必要はありません。

「平常心で最後まで解き続ける」ためにも、時間がかかりそうな問題や明らかに難易度の高い問題はあとに回してもかまいません。

ただし、他の大問へ移ると1度頭が切り変わってしまうので、「明らかに解くのが難しそうな問題」や「予定時間を過ぎてしまう場合」を除いては大問ごとに解くことをおすすめします。

終了10分前になったら、1度答案に名前が書いてあることを確認し、問題文、答案を見直し、何か異変がないかを確認します。

普段では考えられないようなミスが起こってしまうのが本番です。

緊張などから、無意識に普段と違う行動をとってしまうためです。

僕はいつも問題用紙に答えを書きこみながら解いていたのですが、解答を答案用紙に書き写し忘れていた、というミスが大学入試本番で起こってしまい冷や汗をかいたことがありました。

POINT

●テスト中に平常心を保つ方法

1. 時間配分に気をつける
2. テスト中にすることを決めておく
3. 動揺したときの対処法を決めておく

最後が「**動揺したときの対処法を決めておく**」です。

予想外の事態に動揺するのは、テスト勉強をがんばってきた証拠です。

大切なのは、「**その影響を最小限にする**」という考え方です。

例えば、覚えたはずの英単語が思い出せなくなってしまえば、その問題は落としてしまいます。

しかし、それによって落としてしまう点数は1点か2点です。

ただし、動揺して他の問題を落としてしまうと10点以上落としてしまうかもしれません。

「この問題を落としても全体からみ

ればたいしたことでない」「他の問題が解ければよい」と切りかえた方が得です。

反省なら終わってからすればよいのです。

テスト中は「いますべきこと」に集中してください。

とはいえ、気持ちを切りかえようとしても動揺が一瞬で消えるわけではありません。

そのようなときは「**深呼吸**」です。

テスト前にも行った「目を閉じて5秒かけて鼻から息を吸い、10秒かけて鼻から息をはく」深呼吸を1回します。

テスト中なのでかける時間は最小限にしたいので、時間と効果の両方を考えると1回が現実的です。

時間に余裕があれば、何回か深呼吸をくりかえした方が効果は高くなります。

POINT

●テスト開始後に行うこと

1. テストが始まったら、問題を解く前に問題全体を確認する
2. 大問の数と問題量を確認して、おおまかな時間配分を決める
3. 「見覚えがあり解けそうな問題」「解くのが難しそうな問題」を確認する
4. 「見覚えがあり解けそうな問題」から確実に解く
5. 終了 10 分前になったら答案に名前が書いてあるか再確認する
6. 問題文、答案を見直し、何か異変がないかを確認する

COLUMN
テスト後は必ず解き直しをしよう！

全教科のテストが終わったら返ってくる前に復習することを強くおすすめします。

記憶が新しいうちに解き直すことで、次の定期テストへと活かしやすくなるからです。

定期テストほど、緊張の中で真剣に悩む機会はなかなかありません。

解けなかった問題にも、「時間があれば解けた問題」「解けたはずなのにミスしてしまった問題」「勉強したはずなのに解けなかった問題」「勉強できていなかった問題」など、解けなかった理由はさまざまです。

復習することにより、「足りなかった勉強」や「ミスの傾向」を知ることができます。

「もっと問題集を完璧にするべきだった」「まとめノートの情報量が足りなかった」「解けそうな問題から解けばよかった」など、新たな発見があれば、次のテストにむけて活かすことができます。

具体的な復習の方法は、「テストが返ってくる前に自分で模範解答をつくる」ことをおすすめします。

教科書でもまとめノートでも何を使ってもかまいません。

そして、実際にテストが返ってきたら、間違っていた問題をもう1度確認します。

最後に、正解していた問題を含めた全ての問題を解き、答え合わせをして復習終了です。

テスト後の解放感の中で少し大変ですが、せっかくがんばったのでテストから栄養を全てしぼりとって消化したいですね。

テスト後は、全て問題をもう1回解き自分で模範解答をつくろう！

PART・4

教科別に確認！
定期テスト
攻略法

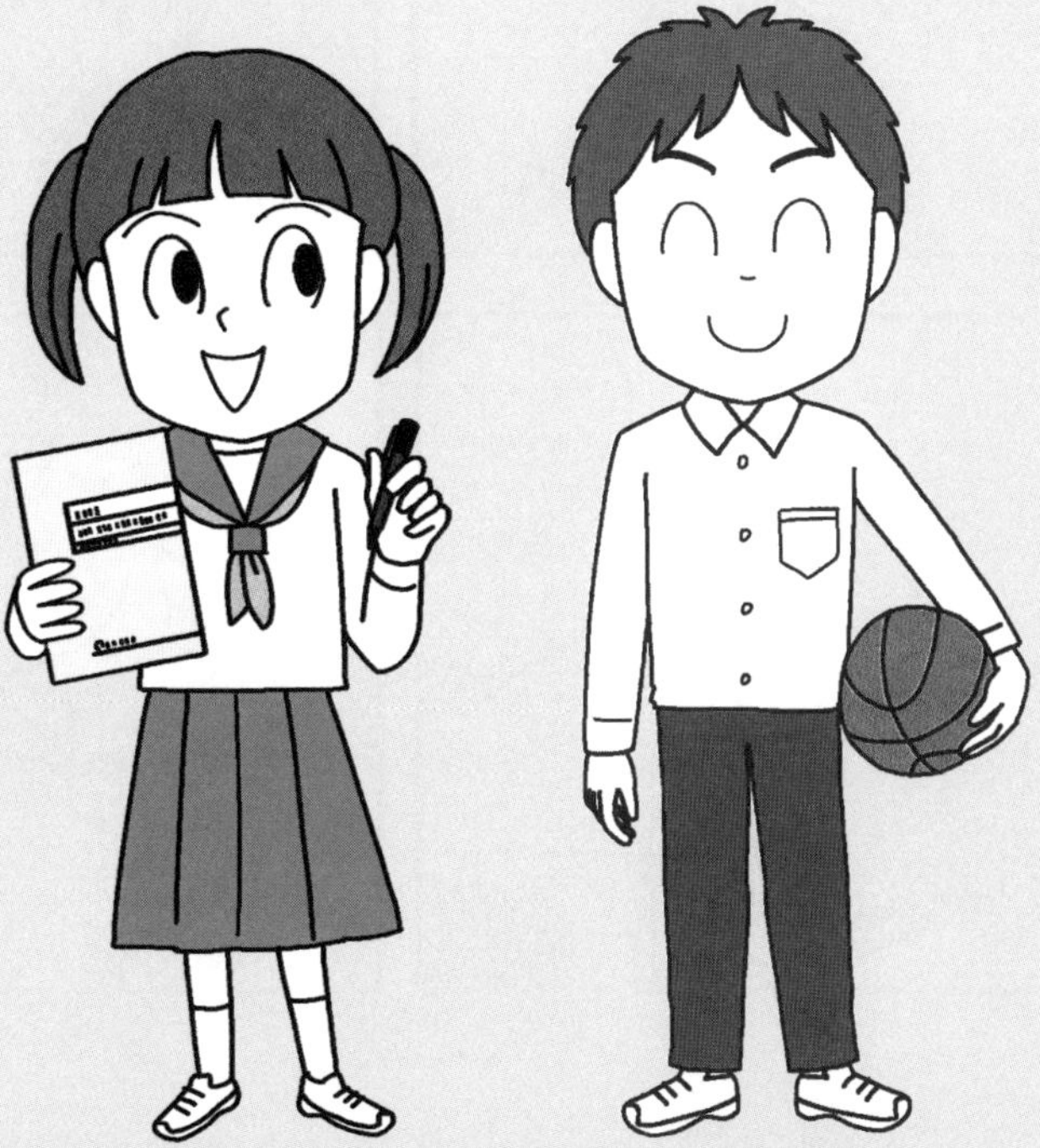

だいたい教科が多すぎなんだよ！
数学とか古文とか将来なんの役に立つの？
古文
また文句言ってる
まあ、でも入試があるから仕方ないよ
希望の学校に行くためには必要だもん
そもそも、それがおかしいでしょう！
苦労して勉強するんだから将来役に立つものだけにするべきでしょ？
なんか偉そうだけどあんまり勉強したくないからじゃない？
当たりです！
ふーむなるほどね…
康太くんが思う「将来役立つ勉強」ってどんなの？

えっと…
英語！
今後の国際化
パソコン！
IT社会に必須
これは絶対ね！
数学は…計算は必要だけど方程式や図形はいらないいな
国語は…漢字の読み方とか意味でオッケイ！
湿粗揚穏
肯励緩吹
輝暦咲篤
あとは将来つきたい仕事で必要なことを学べばいいんじゃない？
なるほどそれは合理的！
僕も医者になってからは古文や歴史をつかうことはないなー
中高生のときは
将来役に立つんだぞ！
古文
ウソだ～
って思ってたよ
やっぱりね！

でも今はそう思ってないよ
古文や歴史の勉強も意味があったと思ってる
医大に入るのに必要だったんですよね？
医者になってから使ってないって言ってたじゃん
たしかに直接は使ってないよ
でも『将来役に立つ』って『入試や仕事で使う』という意味だけではないんだよ
へえ？
『将来役に立つ』のわかりやすい例は
『希望の高校や大学に入れる』
『希望の職業につける』
『仕事をする上で使う』
などだよね
でも他にもそれと同じくらい大切な役割があるんだ
それは
「いろいろな考え方ができるようになる」
ってことだよ
例えば満月を見たとき小さい頃は
キレイー！
ウサギさんがいるよー！
って感じだけど

地学の勉強をすれば
『月が明るいのは太陽の光が反射しているから』
『うさぎに見えるのは月の海という地形で、地球にはいつも同じ面が向いている』
『じゃあ月の裏側ってどうなっているんだろう』
という考え方ができてくる！
おお！面白くなってきた！
歴史の勉強をすると
『1969年、アポロ11号計画により、人類は初めて月面着陸に成功した』
『あれ？なんでいまは月面着陸しなくなったんだろう』
という考え方ができる
ワクワク!!
古文の勉強をすると
『あの人もこの月をみているのだろう』という和歌があるけど
月をみて大切な人を想うっていうのは千年近く前でも変わらないんだな
ということは千年後も変わらない普遍的なものなのかもしれないな…
なんてことも考えられる
ロマンチック！

いいじゃん！
勉強！
飲み込みが早いな
さすが！
実は僕たちは知っていることしか見えていないんだよ
へえ？
どういうこと？
円高が進み、日本経済への影響が懸念されます
NEWS
ってニュースを見ても
「円高」を知らなければ興味もわかないよね
ゲーム実況見よ
僕はね「世界は夜明け前のように薄暗い、そして…
学問はそれを照らすライトだ」って考えているんだ
カチッ

いろいろな角度からライトを当てると世界がはっきり見えてくる
うん
なんとなくわかる
学校の勉強もそのライトの1つ？
うん、それもたくさんの研究者が作り上げた極上のライトだよ
みんなが生きていく上でこれは持っていてほしい
その厳選ライトをみんなが使いこなせるように学校の先生は教えてくれてるんだ
なんか…勉強しないともったいないな
ほんとね！
勉強だけじゃなくスポーツやマンガや楽器やゲームも役に立つライトの1つだよ
趣味や遊びもライトになるんだ
よし！じゃあ教科ごとの勉強法とその教科がどう役に立つか考えていこう
はい！
照らすぞ〜〜！

何のために勉強するの？　勉強って役に立つの？

「知っていることしか見ることができない」

これは、僕が研修医のとき指導医の先生から教えてもらったことばです。

当時僕は、ある病気のレントゲン写真が上手に読めなくて苦労していました。

そのとき指導医の先生が、「この疾患はここにこのような病変が写るのが典型的だよ。それを意識して読んでごらん」と教えてくれました。

言われた通りにくりかえし読んでいると、たしかに少しずつ病変が見えるようになったのです。

あとになってもう1度見ると、同じ写真を読んでいるはずなのに「なぜこれが見えなかったのだろう？」と思うほどはっきり写っているのです。

その後「知っていることしか見ることができない」というのはさまざまなことに当てはまることだと感じ、いまでも僕の財産になっていることばです。

中学校、高校で勉強する内容は多く、そして範囲が広いです。

そして、大学以降で勉強するそれぞれの学問の基礎となる内容が多いので、「勉強のおもしろさ」や「勉強する意味」を実感するのはたしかに難しいかもしれません。

しかし、**新しい学問あるいは教科を学ぶと、「異なる角度から世界を見る」**ことができます。

また、深く勉強すればするほど、その角度から世界をよりはっきり見ることができます。

そして、「さまざまな角度から世界を見ることができる」ことは、すなわち**「さまざまな考え方ができる」**ことを意味します。

受験や仕事に直接役に立つ勉強はもちろん大切ですが、一見直接役に立たないようにみえる勉強もムダになることは決してありません。

とはいえ、いま勉強している教科がどのような役に立つのかを少しでも知っているほうが、勉強する意義を感じやすくなると思います。

POINT
新しい分野の勉強をすると、さまざまな角度から世界をみることができる！

この章では、教科ごとの定期テスト攻略法に加え、それぞれの教科のおもしろさを少しだけ紹介します。

「国語勉強法」

用意するノート
◎授業用ノート
◎問題集用ノート
◎まとめノート

授業前日または当日授業前

●授業で扱う予定の教科書の文章を読む。

授業当日または翌日

●授業ノートを見ながら、まとめノートに覚えたい知識、漢字を書く。

授業から約1週間後

●授業に対応する部分の問題集を解き、答え合わせをする（1周目）。
●解説を読んでもわからない問題は教科書や授業用ノートを見直すか質問する。
●まちがえた問題は正しい解答を問題集用ノートに写す。
●まちがえた問題は、問題集の問題番号の横に日付を書く。

授業から約1か月後

●覚えておきたい知識や新しく知ったことはまとめノートに小テスト方式で追加する。

●問題集を解き直す（2周目）。方法は1回目と同じ。

※授業からテストまで1か月ない場合は、テストまで2週間を切ったら解き直す。

毎日行う勉強

●まとめノートを音読する。

●覚えたい漢字を紙に書いて覚える。（練習用ノートを1冊作っても良い。）

テスト2週間前～前日

●2周目に間違えた問題を解き直す（3周目）。

●まとめノートの小テストで満点がとれるか確認する。

●試験範囲の教科書、問題集、授業用ノートを見直し、知識や漢字で覚えきれていないところがないか確認する。

●教科書、問題集の文章を読み直す。

●このとき、論説文なら筆者の主張、小説なら登場人物の心情とできごとに着目し、古典ではすらすらと現代語に訳せるかを確認する。

●論説文は接続詞や、指示語が何を指しているか確認する。

国語 1

国語の勉強で最も重要な能力とは？

それでは、国語の各分野についてそれぞれ攻略法を紹介します。

まず、国語の全ての分野、そして全ての教科に共通する「最も重要な能力」があります。

それは「**文章を速く正確に読む能力**」です。

いくら知識や読解力があっても、速く正確に問題文を読めなければ良い成績はとれません。

そして、この能力は1日2日の練習で身につくものではなく、「**文章を読んだ経験**」に比例して高くなります。

読む文章は教科書でも小説でも新聞・雑誌でもいいので、とにかく毎日文章を読むことをおすすめします。

文章になるべく多く触れることが最も大切な国語の勉強なのです。

POINT
全ての教科に共通する
最も重要な能力は、
「文章を速く正確に読む」力！

国語2 論説文では筆者の主張を読み取ろう！

論説文は、小説に比べてかた苦しくて読みにくいイメージがあるかもしれません。

しかし、文章の構造は小説よりむしろわかりやすいことが多いのです。

なぜなら、「筆者は自分の考えを理解してほしい」からです。

筆者は、自分の考え（主張）を読者に伝えるために論説文を書いているのです。

そして、その主張をより分かりやすく伝え、より説得力をもたせるために、さまざまな工夫をしています。

例えば、ある小学生の子がゲームソフトを買ってもらいたいとします。

単に「ゲームソフトを買ってほしい」といっても説得力がありません。

そこで、理由を加えて「なぜならこのゲームだけはどうしてもしたいからだ」とするとわずかですがさっきよりも説得力がでます。

さらに、「クラスのほとんどの友達が持っている」「このゲームさえできれば満足して勉強に集中できる」「実際にA君は毎日このゲームをやっているけど成績が上がった」など事実や具体例を入れることで説得力が増してきますね。

これと同じような仕組みで書かれているのが論説文です。

そこで論説文を読むときは**「筆者が最も伝えたいことは何か？」を読み取る**ことを意識してみてください。

「筆者の主張」を読み取る練習をくりかえしていると、少しずつ「文章の構造」がみえてくるようになります。

筆者の主張は形を変えてくりかえす

「筆者の主張」は本文中に何度も登場します。

「読者に自分の主張を理解してもらう」ことが論説文の目的なので、当たり前といえば当たり前ですね。

しかし、単に「私はこう思う！」とくりかえしているだけでは説得力がなく、しつこいだけですね。

そこで、**筆者の主張は「形を変えて」くりかえします。**

言い回しを変えたり、表現を変えて何度も登場します。

例えば、「運動は健康を維持するために大切である」という主張は

「運動をすることは健康にとって有益である」

「健康を維持するためには運動は必要である」

「十分な運動をしないと、健康を維持できなくなる可能性がある」

などのように言いかえることができます。

言っている内容はどれも同じですね。

また、あえて自分の主張と異なる主張や正反対の主張を取り上げ、比べることによって自分の主張を強調するなどの手法もしばしば使われます。

100字要約をしてみよう！

筆者の主張を読み取れるようになるための効果的な練習法があります。

それが、「**要約**」と「**小論文**」です。

まず、要約とは「**重要な部分だけ短くまとめること**」です。

「この論説文の筆者って結局何が言いたいの？」と聞かれたときに、「筆者が言いたいのはこんなことだよ」と簡潔に答えられることが要約です。

おすすめは論説文の「**100字要約**」です。

実際に書いてみるとよくわかりますが、100字は思った以上に短いです。

不要なことを書く余裕はありません。

主張のくりかえしは合わせて1つしか書けません。

具体例や反対の意見も書けません。

100字要約をくりかえし練習すると、「結論」と呼べる「最も言いたいこと」を取り出すことができるようになります。

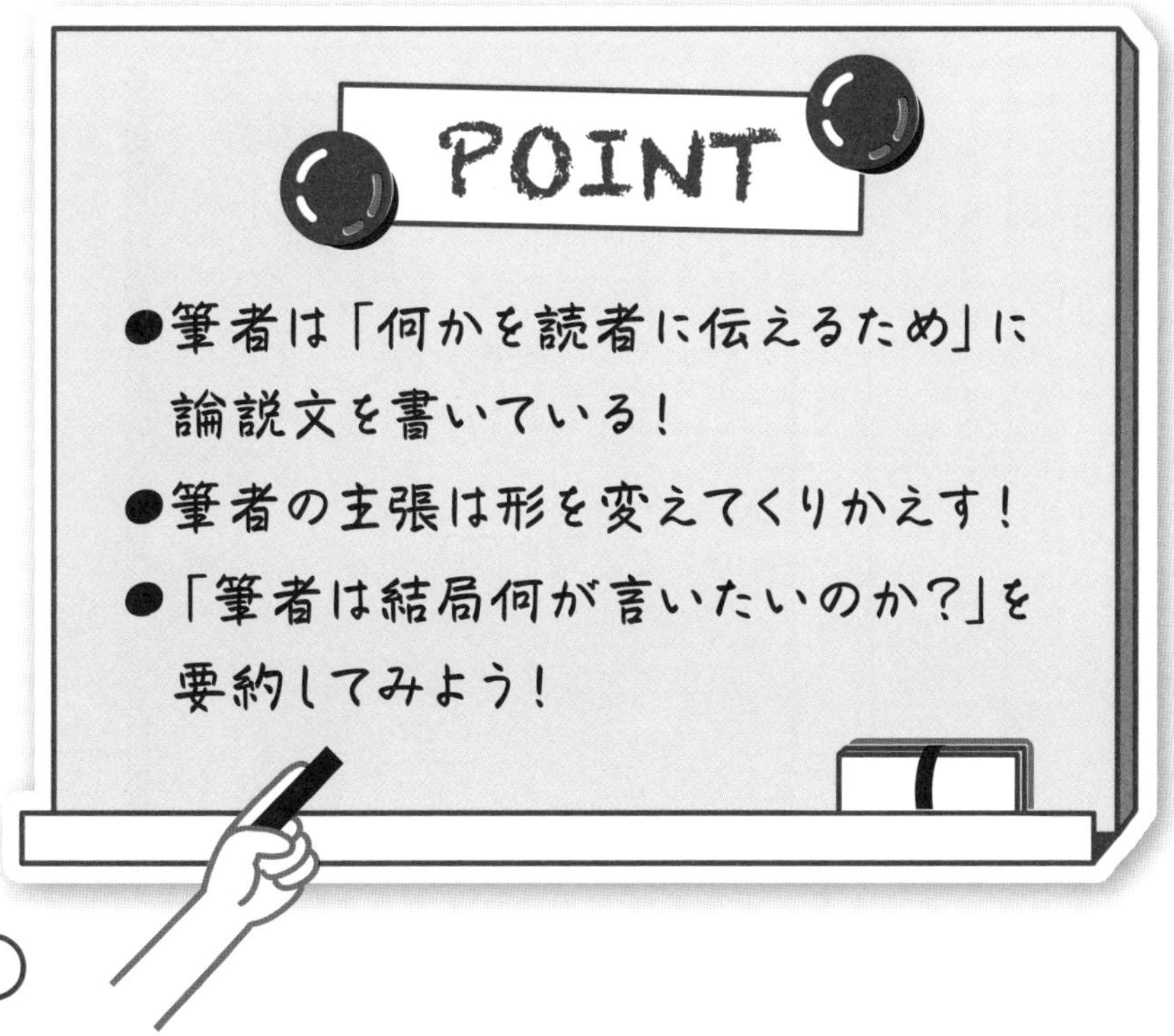
POINT
●筆者は「何かを読者に伝えるため」に論説文を書いている！
●筆者の主張は形を変えてくりかえす！
●「筆者は結局何が言いたいのか？」を要約してみよう！

国語3

小論文を書いてみよう！

実際に自分で「ミニ論説文」である「小論文」を書いてみると筆者の主張を読み取る力は飛躍的に高くなります。

なぜならば、**自分で小論文を書くためには文の構造を理解していることが必要**だからです。

しかし、「自分で作文する」となると当然「読み取る」以上に難易度は高くなります。

そこで、基本的な「型」の1つを紹介するので、真似をして書いてみてください。

テーマは自分で決めてかまいませんが、はじめは「賛成」か「反対」か分かれるテーマがおすすめです。

POINT
●小論文の書き方
ステップ1：主張を書く
ステップ2：直接的な理由を書く
ステップ3：理由についてさらにくわしく説明する
ステップ4：具体例を入れる
ステップ5：反対意見にもふれる
ステップ6：もう１度主張を書き、結論とする

基本的な「型」の例は以下の通りです。

ステップ1
●主張を書く

結論をはじめに書きます。あいまいな表現はせず、簡潔に書きます。

↓

私は定期テストを廃止することに賛成です。

以上の「型」を使って、例えば「定期テストを廃止することに対して賛成か反対か」というテーマで小論文を書くと次のようになります。

ステップ2
●直接的な理由を書く

主張に対する直接的な理由を書きます。

なぜなら、定期テストを廃止することで自分に合ったペースで勉強できるからです。

ステップ3
●理由についてさらにくわしく説明する

よりわかりやすく、また主張に説得力をもたせるために、理由をくわしく説明します。

不得意な科目や理解の早さは人によって異なります。全員が同時に同じ内容のテストを受けると、勉強がおいつかず理解していないままテストを受ける人がでてしまいます。そこで、その人のレベルに合ったテストを受ける方が、効率よく実力を伸ばすことができると思います。

ステップ4
●具体例を入れる

具体例を入れることでより主張をわかりやすくします。

例えば、数学で章ごとに小テストを行い、80点以上とれれば次の章にすすむようにすれば、全員が理解しながら先にすすむことができます。

ステップ5
●反対意見にもふれる

自分の意見だけを主張するのではなく、反対意見も取り上げることにより広い視野で考えることができ、主張にも説得力が増します。

たしかに定期テストを行ったほうが、順位がわかる、授業がすすめやすい、友達と協力してテスト勉強ができるという利点もあります。

ステップ6
●もう1度主張を書き、結論とする

論説文でも主張は何度も表現を変えてくりかえされ、「主張」→「具体例」→「主張」→「具体例」をくりかえすことが多いです。

しかし、わからないまま先の内容にすすんでもっとわからなくなるより、理解してから先にすすむほうが1人1人の実力がつき、またやる気を失わず勉強できると思います。以上の理由から、私は定期テストを廃止したほうがよいと考えます。

どうですか？ シンプルですが筋の通った文章にはなっていますね。

もちろんこの主張が正しいかどうかは別問題です。時間があるときにぜひ1度書いてみてください。

国語4

小説はできごとや登場人物の心情に着目しよう！

小説は問題文を読んでいるだけでもおもしろいので、論説文よりも苦手意識は低いかもしれません。

しかし、**小説こそ注意が必要**です。

なぜなら、**小説「問題」を解くときと趣味の読書では読み方が全く異なる**からです。

趣味で読書するときは全てが自由です。「このとき主人公はこんな気持ちだな」「この人物はあとで裏切るかもしれない」「きっとこれが作者のメッセージだ」など、どんな想像をしてもかまいません。

しかし、テスト問題としての小説は別物です。

あくまでテストであり、テストには模範解答が必要です。そして、模範解答とするためには明確な**「根拠」**が必要です。

では、「根拠」はどこにあるのでしょうか？

それは**「本文中」**です。

「主人公は悲しかった」のようにはっきりと書かれていなくても、本文中の会話や行動などから登場人物の心情を推測することができます。

例えば、「かばんを地面にたたきつけた」という行動は「怒り」を推測することができます。

あるいは風景など周りの描写によって推測できることもあります。

あくまで「想像する」のではなく**「本文中の根拠から推測する」ことが重要です。**

POINT
小説はできごとや
登場人物の心情に
着目して読もう！

国語 5

解答の根拠は本文中にある！

論説文でも小説でも**読解問題の解答の根拠は必ず本文中にあります。**なぜでしょうか？ これは問題をつくる人の立場で考えればすぐにわかります。

仮に来月の全国統一模試の問題をあなたがつくることになったとします。

出題される文章はすでに決まっています。あなたならどのように問題や解答をつくりますか？

もし自分の想像で「このとき主人公はこのような気持ちだったに違いない」と想像して解答をつくったらどうなるでしょうか？

テストを受けた全国の生徒や全国の国語の先生から、「なぜこれが解答なのか？」「他の選択肢ではだめなのか？」「あなたは文学をわかっていない」など質問や苦情が殺到するかもしれません。

想像するだけでぞっとしますね。

このような事態をさけるためには「本文にこのように書かれているから、このような問題をつくってこのような解答にしよう」となりますよね。

そうするしかないのです。

それならばもし質問や苦情が来ても、「本文にこう書かれているじゃないですか。だからこれが正解となるのですよ」と反論することができます。

「本文のここにこのように書かれているからこれが解答」のように、**必ず「根拠」のある解答をするように心がけてください。**

POINT
解説がついている模範解答は必ず読み、根拠を確認しよう！

国語6

小説問題はこのように解いていこう！

「解答の根拠は本文中にある」ことがよりわかりやすいように小説問題の一例をあげます。

【例題】

次の場面でのたかしの気持ちを**「あ」**～**「う」**から選んでください。

「試合に負けた後、僕はたかしといつもの丘の上に立っていた。僕もたかしも何も話さず、沈黙が続いた。おそるおそるたかしの顔を見ると、さまざまな感情が混ざったような複雑な表情をしていたが、まっすぐ前をみつめていた。目には涙がうかんでいた。ふいにたかしがいつもと同じように僕に言った。『帰ろう』。いつのまにかさっきまで空一面をおおっていた雲は消えていた。」

放課後のカフェで話す感想ならどれでも正解です。しかし、テストでは正解は「う」のみとなります。なぜ「う」が正解で、他の解答は不正解なのでしょうか？

正解の基準は「本文中から読みとれるかどうか」の一点です。

1つずつみていきましょう。

「あ：自分のせいで試合に負けたことに対する怒りや後悔を感じている。」

「自分のせいで」とありますが、「たかしのせいで負けた」とは読みとれませんね？「僕」のせいで負けて怒っているだけかもしれません。

たしかに「複雑な表情」と書かれているので「怒り」も含まれているかもしれませんが「怒り」だけではなさそうです。少なくとも「後悔」は読みとれませんね。

あ：自分のせいで試合に負けたことに対する怒りや後悔を感じている。
い：試合に負けて引退を決意したが、僕に悟られないように明るくふるまっている。
う：試合に負けていろいろな思いがあったが、気持ちを切りかえて晴れやかな気持ちになっている。

つづいて「い」です。

「い：試合に負けて引退を決意したが、僕に悟られないように明るくふるまっている。」

「引退を決意」とありますが、これは読みとれませんね。

「僕に悟られないように」とありますが、たしかに本文に「いつもと同じように」とあるものの、「悟られないように」の根拠としては不十分です。

もし仮に原作が「あ」や「い」の通りでも、この問題文からは正解とはならないのです。

したがって「あ」「い」は不正解となります。

一方で無難にもみえる「う」をみてみましょう。

「う：試合に負けていろいろな思いがあったが、気持ちを切りかえて晴れやかな気持ちになっている。」

「試合に負けて」⇓本文に書いてある事実。「いろいろな思い」⇓本文に「複雑な表情」と書いてある。「切りかえて」⇓本文に「いつもと同じように」とあり、「いつもと同じ状態にもどっている」根拠となる。「晴れやかな気持ち」⇓本文に「空一面をおおっていた雲が消えていた」とあり情景が根拠となる。

このように、「う」には矛盾はなく、根拠もあります。したがって本問の解答は「う」となるのです。

もちろん実際のテストではここまで選択肢に差をつけると明らかすぎるので、いわゆる○の中から◎を選ぶ問題や、×の中から△を選ぶような難易度の高い問題もあります。

『「う」が模範解答』といわれるとすっきりしないかもしれませんが、テスト問題として考えるとこのようになります。

国語 7

接続詞は文章の道案内をしてくれる！

接続詞とは、「だから」「しかし」「そして」のように文と文、単語と単語などをつなぐことばです。

接続詞が穴埋めになっている問題もよく目にしますね。

接続詞を正しく理解すると、文章の構造を理解しやすくなります。

例えば、「しかし」や「ところが」などの逆接とよばれる接続詞がでてくると、「これまでと反対の話が始まる」とわかります。

また、「だから」「したがって」などの順接とよばれる接続詞がでてくると、「これまでの結果や結論が始まる」とわかります。

話がどちらの方向へすすむかの道案内をしてくれているようなものです。

また、**接続詞を理解すると筆者の主張もつかみやすくなります。**

例えば、「A君は成績が良い。しかし、性格が悪い」という表現では、筆者が伝えたいのは「成績が良い」ことでしょうか？ それとも「性格が悪い」ことでしょうか？

当然「性格が悪い」ことの方ですね。

「しかし」のような逆接の接続詞では、基本的に本当に言いたいことは後ろの内容となります。

英語の接続詞も同じですが、接続詞を道しるべとすると、文章を読みながら迷子になることが少なくなります。

POINT
接続詞は
文章の道案内を
してくれる！

国語 8

指示語は全て説明できるようにしよう！

設問になっていなくても、指示語が何を指しているかを説明できるように読みすすめてください。

指示語とは、「これ」「この」「それ」「その」などものごとを指し示すことばです。

『「この」が指す内容を説明しなさい』といった問題もよく見ますね。

英語でも『this』などが指す内容を問われます。

「指示語が何を指すか」を問う問題は非常に多いですが、少し考えるとこれは当然のことです。

なぜならば「指示語が何を指すか理解している」ことは「話の内容を理解している」こととほぼ同じだからです。

例えば、「ところであの話だけどさ」と話しかけられたとき、「あの話」の内容を理解していれば、「ああ、あの話ね。どうしたの？」となりますが、理解していなければ、「え？ あの話ってどの話？」となりますね。

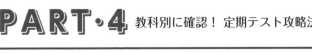

国語
9

問われていることには正しく答えよう！

問題文で問われていることに対しては適切に解答する必要があります。

当たり前だと思うかもしれませんが、意識しないと意外と正しく答えられていないことがあります。

例えば、「『このようなこと』とはどのようなことか説明しなさい。」という問題に対しては「○○ということ」と解答する必要があります。

「『どのようなとき』と問われれば『○○のとき』」、「『どのような気持ち』と問われれば『○○な気持ち』」ですね。

「問われたことに適切に答える」というのは国語の解答に限らず、会話が成立するためにも必要なことです。

「話がかみ合わない」と感じるとき、どちらか一方、あるいは両方が「聞かれたことに答えていない」ことが多いのです。

POINT
設問は細かいところまで
正確に読み、
「何が問われているか？」
を確認しよう！

国語 10

古典の勉強は外国語と同じ！

古典（古文、漢文）とは分けて考える必要があります。古典（古文、漢文）の勉強法は現代文（論説文、小説）とは分けて考える必要があります。

一見漢字やひらがなで書かれているのでなんとなく読める気がしてしまいます。

しかし、現代と全く異なる意味の古文単語もあります。

例えば、古文単語の「いとほし」は、「愛おしい」という意味ではなく「気の毒」という意味となります。

これを知らずに「なるほど、愛おしい人がいるんだな」と思って読み進めると、意味不明な物語になってしまいます。

また尊敬語も、例えばとても偉い人には尊敬語に尊敬語を重ねる二重敬語を使うなど、現在とは異なる使い方をします。

漢文も漢字のみで書かれているので、そのままでは読めません。

しかも文の構造が中国語と同じで「主語→動詞→目的語」の順となり、日本語の「主語→目的語→動詞」とは異なります。

ちなみに英語も「主語→動詞→目的語」ですね。

例えば、漢文の「子曰〇〇」は「子いわく〇〇」と読み、現代語訳すると「孔子は〇〇と言った」となります（※漢文では子とは孔子という人物のことを指します）。

つまり動詞と目的語の順番を入れ替えて読む必要があります。

そこで登場するのが、読む順番を示す記号である「返り点」です。

返り点で読む順番がわかり、そして送り仮名をつけることではじめて「日本語のように」読むことができます。

ちなみに漢文は現在でも日常的に使われていることばの由来となった話が数多くあります。例えば「矛盾《むじゅん》」ということばを知っていますね。意味は「つじつまが合わないこと」や「一貫性がないこと」です。

由来となったのは楚《そ》という国の商人の話です。その商人は客に矛《ほこ》（剣）と盾《たて》を売るため「この矛はどんな盾でも貫くことができる」「この盾はどんな矛も防ぐことができる」と商品紹介をしていました。

すると客から「それならその矛でその盾をついたらどうなるのか？」と問われ返答できず、すなわち「論破」されてしまったという話です。

「矛盾」ということばはこの「矛」と「盾」の話に由来しています。

他にも四面楚歌や蛇足なども漢文に由来します。

漢文は漢字ばかりでぱっと見読みにくそうですが、読んでみると物語として面白いものが多く、個人的には好きな分野です。

このように、**古典はそれぞれの単語や文法のルールを勉強する必要があり**、その勉強法は英語など**の外国語の勉強に近い**といえます。ただし、英語と比べると覚えることは少ないので必要以上に構えなくても大丈夫です。

POINT
古文、漢文は外国語を
学ぶつもりで勉強しよう！

国語 11

韻《いん》文《ぶん》は厳しいルールを楽しもう！

韻《いん》文《ぶん》とは簡単にいうと詩や短歌、俳句のことです。

詩にも種類がありますが、これらに共通するのは「表現のしばりがある」ということです。

例えば俳句が「五七五」の型であることは知っていますね。

「古池や　蛙飛び込む　水の音」

という松尾芭蕉の有名な俳句があります。

意味は「古い池にカエルが飛び込む音が聞こえるよ」です。

そう説明してしまえば終わりなのですが、あえて「五七五」という制限された文字数にことばや意味をつめこむことで、心地よいリズムが生まれ、説明されていない部分を自由に想像することができます。

この芭蕉の句でも、「池にカエルが飛び込む音が聞こえるほど静かな情景」が目に浮かびます。

文字数の制約など不自由さがある中で伝えたいことを工夫して伝えるおもしろさが韻文にはあるのです。

古池や
蛙飛び込む
水の音

芭蕉

詩にも独特の表現法があります。

「**表現技法**」といいます。

例えば「**倒置法**」はその名の通り順番をひっくり返す技法です。

「学校へ　行く」に倒置法を使うと「行く　学校へ」となります。

例えば部活の大会へ出発するときに「さあ決戦の地へ行こう！」と言うよりも「さあ行こう！決戦の地へ！」と言った方が、意味は変わりませんが「決戦の地」が強調されてより雰囲気が出ますよね。

このような表現法が詩にはたくさんあります。


スポーツごとにルールが異なるように、韻文にもそれぞれに異なるルールがあります。

それぞれのルールをおさえてしまうと、一気に理解しやすくなり、またおもしろくなってきます。

まずは**それぞれのルールを知ることが韻文の勉強の入口**です。

国語 12

和歌には掛詞《かけことば》、漢文には押韻《おういん》という技法がある

少し雑談となりますが、知ると楽しい表現技法を2つ紹介します。

掛詞《かけことば》と**押韻《おういん》**です。

まず、掛詞は和歌の技法です。

百人一首の1つに

「大江山　いく野の道の　遠ければ
　まだふみもみず　天の橋立」

という短歌があります。

現代語訳は「大江山を越え、生野を通る丹後への道は遠すぎて、まだ天橋立の地を踏んだこともありませんし、母からの手紙も見てはいません」です。

これだけの内容を「五七五七七」の中に詰め込むためにある工夫がされています。

例えば「いく野」には地名である「生野」と「行く野（行く道）」の2つの意味がかかっており、「ふみもみず」は「文（手紙）を見ていない」と「（地を）踏んでいない」という2つの意味がかかっています。

このように**1つのことばに2つの意味をもたせる技法が掛詞**です。

漢文の詩である漢詩には「押韻」という技法があります。

漢詩の一番上の段や一番下の段の漢字を拾っていくとある共通点がみられることがあります。

例えば「間」「単」「山」という3つの漢字の共通点は何でしょうか？

3つの漢字を音読みすると「かん」「たん」「さん」です。

ローマ字読みすると「kan」「tan」「san」です。

3つとも母音が「an」で共通ですね。（厳密には「n」は子音ですが、音の響きから「an」全体で母音と考えます。）このように**母音をそろえる表現技法が「押韻」**です。

「韻をふむ」ともいいます。

現代でもラップなどで「ライミング」という技法として使われています。

例えば「数学の試験（shiken）が2点（niten）で危険（kiken）。地球の自転（jiten）が止まるほどの事件（jiken）」というラップでは全て母音が同じで韻を踏んでいますね。

僕がつくるとこの程度の押韻が限界ですが、プロの押韻は1つの単語で10個以上韻を踏んだり、四字熟語や長文全体で韻を踏んだりとさらに高度です。

ぜひ機会があれば聞いてみてください。

韻を踏んでいると音のリズムが良く印象に残りやすいので、ラップ以外の音楽の歌詞や広告のキャッチコピーでも広く使われています。

POINT
現在でも使われている
古典の技法もある！

国語 13

何のために国語を勉強するのか？

文部科学省の指導要領の「目標」を引用すると、「言葉による見方・考え方を働かせ、言語活動を通して、国語で正確に理解し適切に表現する資質・能力を次のとおり育成することを目指す。

（1）社会生活に必要な国語について、その特質を理解し適切に使うことができるようにする。

（2）社会生活における人との関わりの中で伝え合う力を高め、思考力や想像力を養う。

（3）言葉がもつ価値を認識するとともに、言語感覚を豊かにし、我が国の言語文化に関わり、国語を尊重してその能力の向上を図る態度を養う。」

とされています。

僕は国語という教科は「日本人を知る」教科と言いかえて解釈しています。

僕たち日本人が母国語である日本語をどのように使っているのかはもちろん、日本人がどのようにものごとを考えるかを知ることができます。

例えば、春に桜の花が咲いたときを想像してみてください。

日本人は桜の花をみたとき、「美しさ」だけでなく「寂しさ」や「悲しさ」、「不安」なども同時に感じることが多いです。

これは、「桜の花」が「卒業式」「入学式」「新年度」など「別れ」や「新しい生活の始まり」などを連想させるためと考えられます。

しかし、これは世界共通のことではありません。桜の花が咲かない国や、桜が咲く季節に卒業式や入学式がない国の人が日本を訪れて桜の花をみてもおそらく「寂しさ」や「不安」などを感じることは少ないでしょう。

桜の花をみて複雑な気持ちになるのが「日本人」なのです。

その背景を知らずに桜の描写がある小説を読んでも、この独特のニュアンスは伝わりません。

同じように、**古典も過去の日本人の考え方を通じて、現在の日本人を知ることができます。**

例えば、古文で「声」や「和歌の上手さ」から「なんて魅力的な男性なんでしょう！」と感動する場面は、「相手の顔が見えない状態で恋愛をする」という当時の背景があって初めて成立します。現代の僕たちには共感しにくいですね。

一方で「あの人もこの月をみているのだろう」という和歌を詠む場面では、「月をみて大切な人のことを考える」というのは現代の僕たちの感覚でも理解できます。

つまり、これは過去も未来も変わらない「普遍的」なことである可能性が高いといえます。

もし仮に古文や漢文で「テスト勉強がつらい」や「先輩がむかつく」のような場面があれば、それも普遍的な可能性が高く、「千年たっても変わっていないんだから、これは仕方がない」と考えることができます。

理科や数学の勉強は世界で共通です。国によって方程式の答えが変わることはありません。

しかし、国語は異なります。

日本の国語とアメリカやフランスの国語（にあたる教科）は全く異なります。

国語は「日本」という背景があって初めて成立するのです。

論説文、小説、古典、漢字、韻文など範囲が広くて勉強は大変ですが、さまざまな角度で「日本人」を知ることができると考えると、興味がわきませんか？

POINT
国語を勉強すると
「日本人」について知る
ことができる！

授業から約1か月後

● 問題集を解き直す（3周目）。方法は1、2周目と同じ。

※授業からテストまで1か月ない場合は、
テストまで2週間を切ったら解き直す。

テスト2週間前～前日

● 3周目にまちがえた問題のみ解き直す（4周目）。

● 教科書、問題集の全ての問題を確認する。

● 10秒以内に解き方が思いうかんだ問題は
解かずに解答・解説を確認して終了。

● 解き方が思いうかばない問題や自信がない問題は
解き直す。

● 余裕があれば、教科書や授業用ノートの問題を
ランダムに解き直す。

「数学勉強法」

◎用意するノート：授業用ノート、問題集用ノート

授業当日または翌日

- 授業と同じ問題を解き直す。
- 理解できない場合は教科書などを読み直すか質問する。

授業から約１週間後

- 授業に対応する部分の問題集を解き、答え合わせをする（1周目）。
- 解説を読んでもわからない問題は教科書や授業用ノートを見直すか質問する。
- まちがえた問題は正しい解答を問題集用ノートに写す。
- まちがえた問題は、問題集の問題番号の横に日付を書く。
- 1周目は基本問題だけでもかまわない。

授業から約２週間後

- 問題集を解き直す（2周目）。方法は1回目と同じ。
- 基本問題の8割程度が解けるようになったら基本問題以外も解く。

数学1

数学は暗記科目？

「数学は暗記科目か？」

これは意見が大きく分かれる問題です。

僕自身も

「パターンを全て暗記してしまえば数学はできるようになる。つまり暗記科目だ」

「定理を自力で導いたり、わかるまで悩んでこそ実力がつく。暗記しても意味がない。決して暗記科目ではない」

という両方のアドバイスをもらったことがあります。

僕自身は「ある程度のレベルの問題までという条件つきで」前者の考えに近いです。

しかし、それでも「暗記科目」というよび方には抵抗があります。

さすがに、問題集の答えを丸暗記しても試験で良い点数はとれません。

数学で必要となるのは「パターン認識」です。

数学には「このような問題はこのように解く」というパターンが数多く存在します。

パターンを身につければ、異なる問題でも同じような解き方で解くことができます。

例えばx＋1＝4という方程式とx＋3＝10という方程式では、解は異なりますが解き方は同じですね。

これが「パターン」であり、問題を見たときに「この問題はあのパターンの解き方をあてはめれば解くことができる」と判断することが「パターン認識」です。

ただし、この方法には限界もあります。

定理の意味を正しく理解した上で、複数のパターンを組み合わせたり、試行錯誤してようやく解ける問題ももちろん存在します。

数学が好きな人が「おもしろい」と感じる問題はこちらのタイプの問題です。

では、パターン認識で対応できる「ある程度のレベル」とはどの程度でしょうか？

これはさまざまな問題を解いて得た個人的な印象ですが、最難関高校や東大、京大、東工大など最難関大学の入試問題を除くほとんどの問題は対応可能と考えています。

僕が受験した大学入試問題はほとんど全てパターン認識で解くことができました。

少なくとも中学校の定期テストでは、数学が苦手な人でも実践できるパターン認識は極めて有効な方法と考えます。

POINT
数学の多くの問題は
「パターン認識」で
解くことができる！

数学2

パターン認識を身につける方法

パターン認識こそ、すでに紹介した「期間をあけてくりかえす」勉強法が非常に有効です。

具体的な方法は、「問題をみた瞬間に解き方が頭に浮かぶようになるまで、期間をあけて問題集をくりかえし解く」ことです。

10秒考えて解き方がうかばない問題は、解答解説や教科書を読み、再度理解した上で1週間ほどあけて解き直しが必要です。

現実的な勉強時間との兼ね合いもあり、他の教科では問題集は2周半（2周＋間違えた問題のみ解き直し）をおすすめしていますが、数学は最低でも3周、可能であれば4周でも5周でも解きたいところです。

数学は難しく敷居が高い印象があるかもしれませんが、実は勉強の効果が早くに出やすい教科です。

数学に苦手意識がある人は、はじめは全勉強時間の半分を数学にあてても多すぎないと考えています。

POINT
期間をあけて、
くりかえし問題集を解き、
パターン認識を身につけよう！

数学 3 計算力を鍛えよう！

数学で良い成績をとるために不可欠となるのが計算力です。

「計算問題なんてテストのはじめにしかでない」と思うかもしれません。

しかし、計算問題以外の問題を解く上でも計算力は極めて重要です。

大学時代、元野球部の友人とキャッチボールをしたことがあります。

僕は野球の経験がなかったので、友人は手加減してゆっくり投げてくれたのですが、実際にボールを受けてみて衝撃を受けました。

友人が何回投げても、僕はグローブをほとんど動かすことなくキャッチできたのです。

話に夢中になっていると僕が投げるボールはとんでもない方向へ飛んでいくのですが、友人は話しながらでも、笑いながらでも僕のグローブのど真ん中へボールを投げてくるのです。

高い技術を持つ人ほど、基本の技術や動作を大切にしており、まるで機械のように正確であることを実感したエピソードです。

計算も同じで、**高い計算力があれば正確かつほぼ自動的に処理することができます。**

そして、**その分「考える」方に時間や脳の容量をまわすことができます。**

実際、数学が得意な人ほど、計算を速く正確に行うことができる傾向にあります。

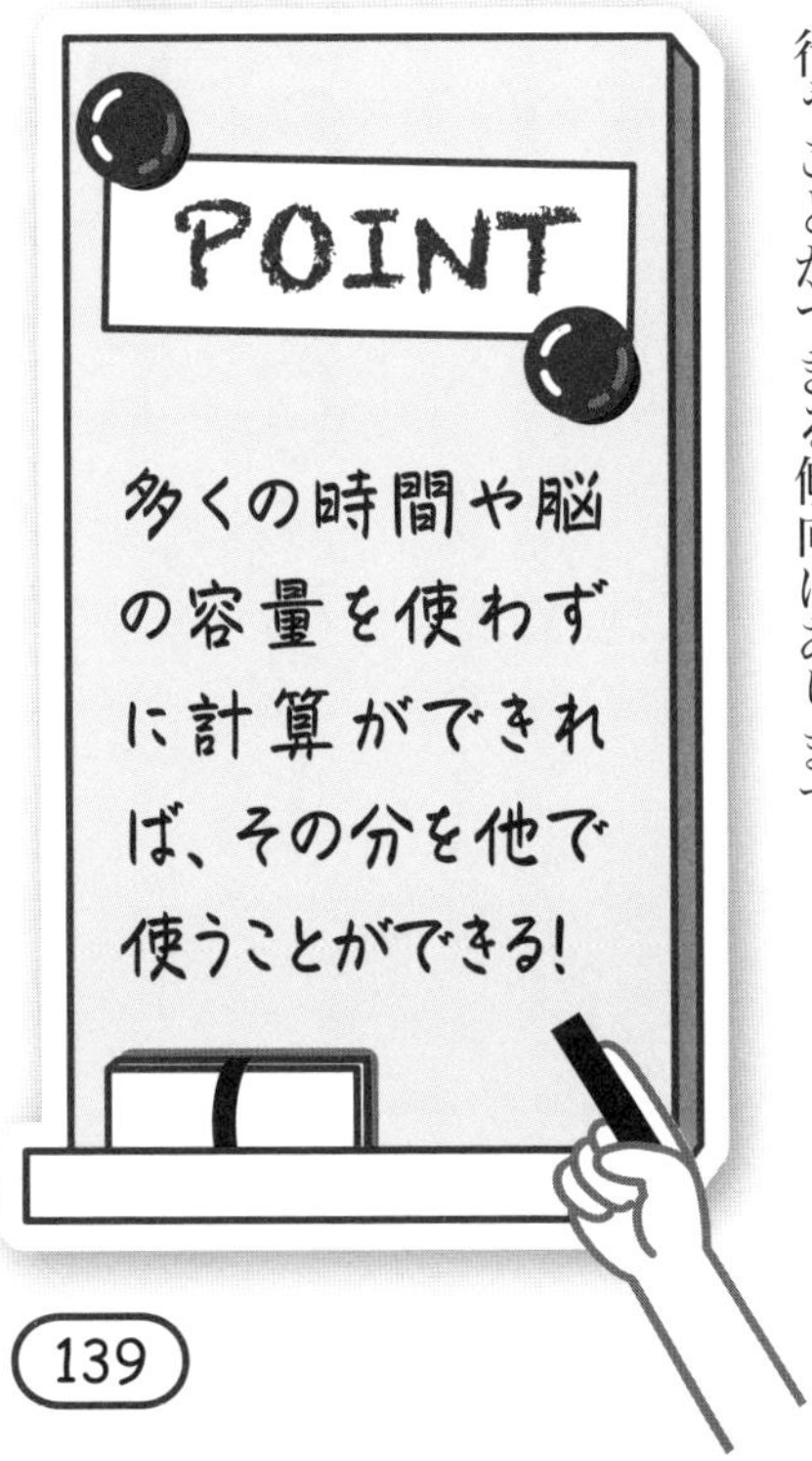
POINT
多くの時間や脳の容量を使わずに計算ができれば、その分を他で使うことができる！

数学 4

図形はフリーハンドできれいに描けるようになろう!

図形問題を解く上で大切な能力があります。
それは**「図形を大きくきれいに描く」**ことです。

図形問題も多くはパターン認識で解くことができるのですが、頭の中だけで処理するのは難易度が高いです。

そこで「辺の長さ」「角の大きさ」など問題文から得られる情報や、必要に応じて補助線を図に描きこむ必要があります。

このとき、問題文で図が与えられていれば良いですが、自分で描かなければならない場合も多くあります。

このとき、ゆがんでぐにゃぐにゃの図を描くと、正しい認識ができず混乱して解ける問題も解けなくなってしまいます。

完璧な図である必要はありませんが、**ある程度きれいな三角形、四角形、円をフリーハンドで描けることは「正しく考える」ために必要**となります。

また、多くの情報を書きこめるように**図はなるべく大きく描く**ことをおすすめします。

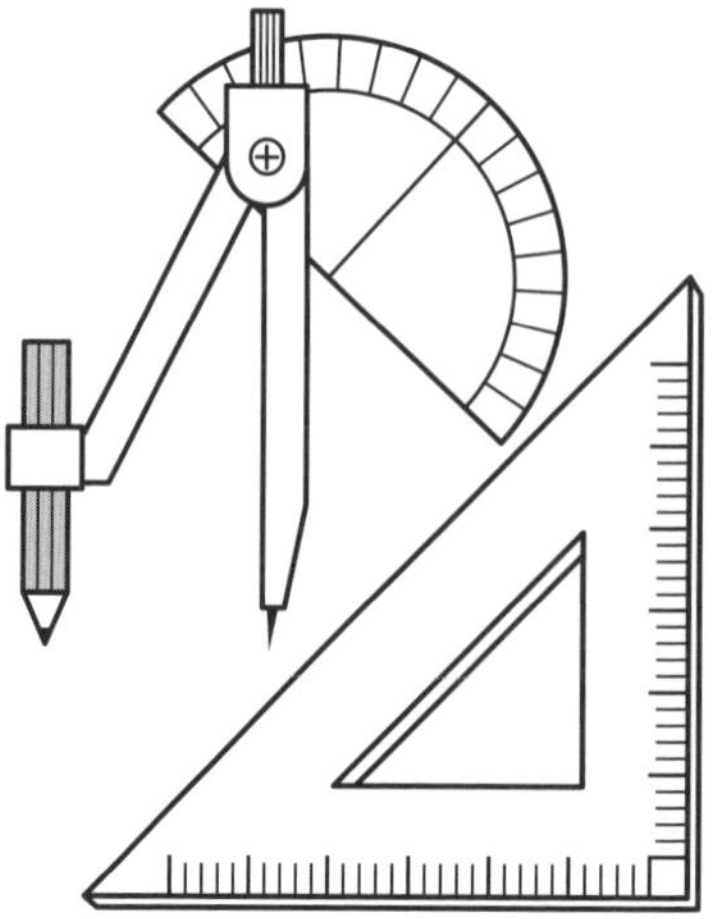

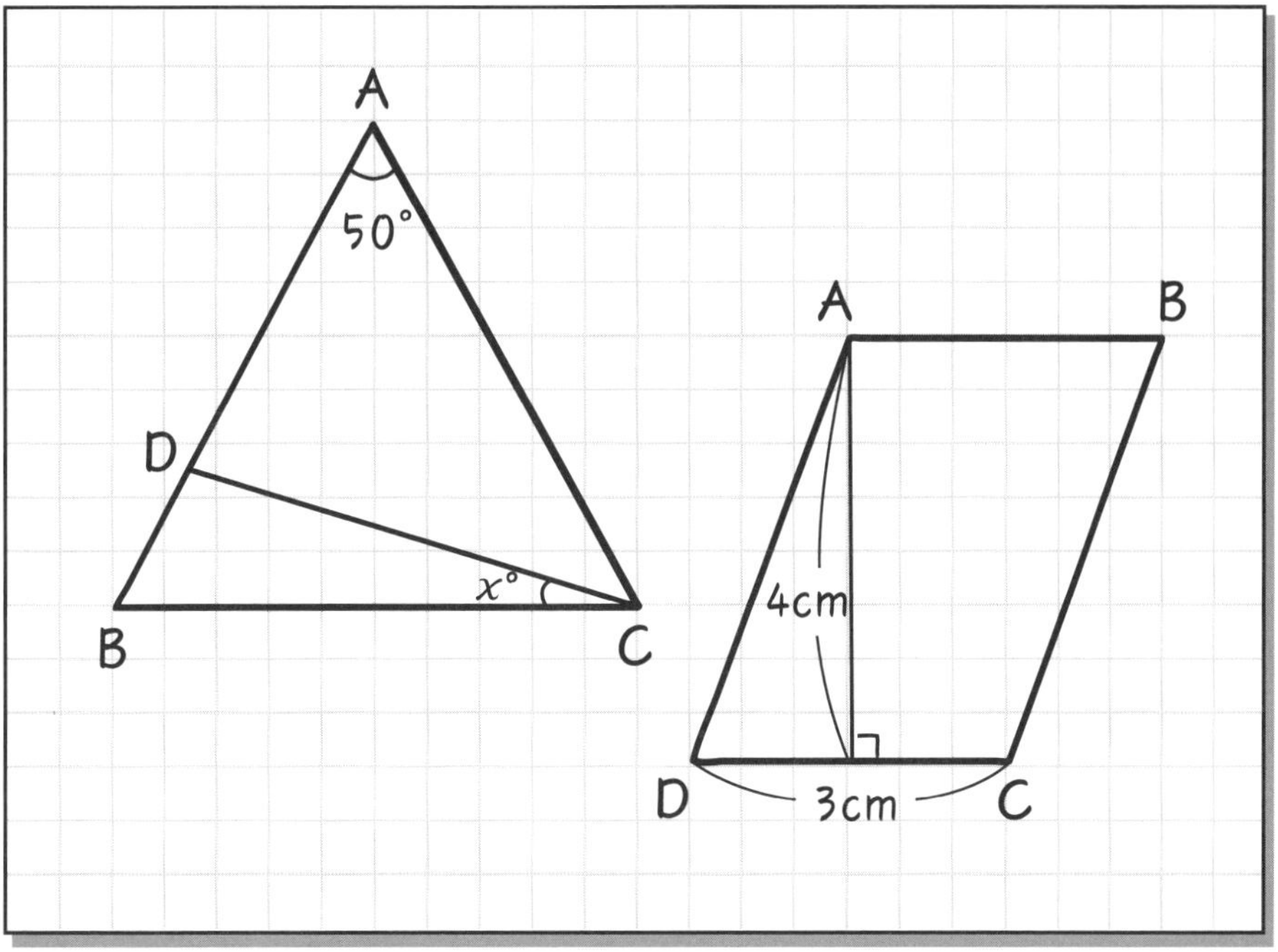
A
50°
D
x°
B
C
A
B
4cm
D
3cm
C

POINT
図形問題では、
わかっている情報や補助線を
図に書きこんでいこう！

数学5

証明問題は「型」がとても重要！

内容が合っていれば、基本的に自分の解答が模範解答と一字一句同じである必要はありません。

しかし、**証明問題は原則「教科書や模範解答と全く同じように書く」**ことをおすすめします。

なぜならば、**証明問題は「型」や「言い回し」が極めて重要**であり、慣れるまでは「表現を変えても良い部分」と「変えてはいけない部分」を区別するのが難しいからです。

そこで「お作法」だと割り切って、はじめは教科書や模範解答と全く同じに書くことをおすすめします。

POINT
証明問題は、
教科書や模範解答と
一字一句同じにして
「型」を身につけよう！

例） 合同の証明

次の図で、

　ＡＯ＝ＣＯ，ＢＯ＝ＤＯ

ならば

　△ＡＯＢ≡△ＣＯＤ

であることを証明しなさい。

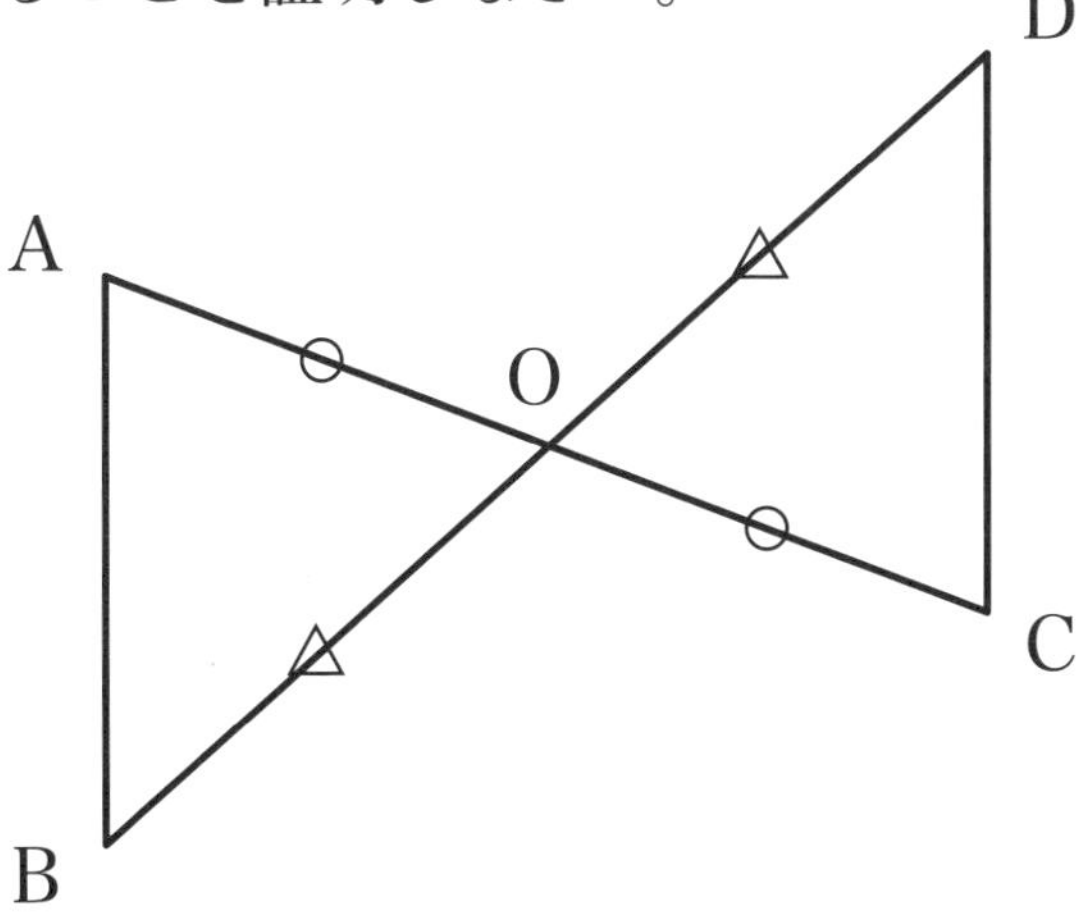

△ＡＯＢと△ＣＯＤについて

　仮定からＡＯ＝ＣＯ ……(1)

　　　　　ＢＯ＝ＤＯ ……(2)

　対頂角は等しいから

　　∠ＡＯＢ＝∠ＣＯＤ ……(3)

(1)，(2)，(3)より２組の辺とその間の角がそれぞれ等しいから

　　△ＡＯＢ≡△ＣＯＤ（証明終）

数学
6

何のために数学を勉強するのか？

文部科学省の指導要領の「目標」を引用すると、「数学的な見方・考え方を働かせ、数学的活動を通して、数学的に考える資質・能力を次のとおり育成することを目指す。

(1) 数量や図形などについての基礎的な概念や原理・法則などを理解するとともに、事象を数学化したり、数学的に解釈したり、数学的に表現・処理したりする技能を身に付けるようにする。

(2) 数学を活用して事象を論理的に考察する力、数量や図形などの性質を見いだし統合的・発展的に考察する力、数学的な表現を用いて事象を簡潔・明瞭・的確に表現する力を養う。

(3) 数学的活動の楽しさや数学のよさを実感して粘り強く考え、数学を生活や学習に生かそうとする態度、問題解決の過程を振り返って評価・改善しようとする態度を養う。」

とされています。

僕は「論理的思考を身につける」教科と言いかえています。

論理的思考とは「AだからBだよね」「そしてBだったらCだよね」「それならAだったらCだよね」のように理論の筋道を立てて考えることです。

例えば「石炭や石油の使いすぎは地球温暖化の原因となる」という知識があります。

ほとんどの人が知っていると思われる知識ですが、石炭や石油の使用と気温の上昇とはどのようにつながるのでしょうか？

そこで、「石炭や石油を燃やすと二酸化炭素が発生します」「二酸化炭素は熱を逃がしにくくするはたらきがあります」「二酸化炭素が多く発生すると地球から宇宙へ熱が逃げにくくなります」「だから石炭や石油を使いすぎると地球が温暖化します」と説明されれば、納得ですよね。

それではなぜ論理的思考を身につける必要があるのでしょうか？

論理的思考が役に立つ場面はここでは書ききれませんが、最も重要な役割の1つが「**情報を正しく理解し、正しい判断をする助けとなる**」ことです。

例えば、夜11時に友達から遊びに誘われたとします。できれば遊びに行きたいです。しかし、「中学生が夜8時以降に外出することは条例で禁止されている」「遊びにいったら警察に補導されるかもしれない」「補導されたら内申にひびくし、昼間に遊びに行くことも禁止されるかもしれない」「断ったほうがよさそうだ」という判断ができます。

また、就職で「A社とB社のどちらに入った方がいいか？」と悩んでいるときに、「A社は給料も高いし仕事も楽しそうだけど、ここ数年は赤字経営で今後が不安」「B社は給料は高くないし仕事も地味そうだけど、ここ10年以上黒字経営で今後も成長しそう」「やりがいや給料をとるならA社で、安定性をとるならB社」「でもやっぱり仕事はやりがいを大切にしたいからA社にしよう」と判断できます。

2つめの例では、A社を選ぶ人もB社を選ぶ人もいますし、どちらが正解かは正直わかりません。また、最後は「やりがいのある仕事をしたい」という「感情」で決めています。

ヒトは「頭で考え、心で行動する」場合が多いので、現実的には「論理的思考」だけで判断して行動することは難しいです。

しかし、「思ったままになんとなく」決めるよりも、「論理的に考えた上で、最終的に気持ちで」決めた方が、正しい判断をしやすくなるだけではなく、仮にうまくいかなかったときも自分で納得しやすくなります。

話を戻すと、なぜ数学を勉強すると論理的思考を身につけることができるのでしょうか？

なぜならば、**数学の問題それ自体が論理的思考**だからです。

例えば、

$x+1=3$
という方程式は

$x+1=3$

$x=3-1$

$x=2$

と解くことができます。

これは

「x＋1は3とつりあっています」

「ということは両方から
1をひいても左右の
バランスはくずれないから
x＋1−1は3−1と
つりあっているよね」

「x＋1−1はxで、
3−1は2だから
xは2だよね」

という説明を式にしているだけなのです。

同じように143ページの合同の証明も

△AOBと△CODについて

「AOとCOの長さは同じだよね」

「BOとDOの長さは同じだよね」

「∠AOBと∠CODの大きさは
同じだよね」

「対応する2組の辺とその間の角
の大きさが等しいから、
△AOBと△CODは
形も大きさも同じである合同と
いえるよね」

と論理的に説明しているのです。

このような「数学的な考え方」を身につけると、論理的にものごとを考える習慣がつき、勉強以外のさまざまな問題に直面したときにも適切に対応し解決できる可能性が高くなります。

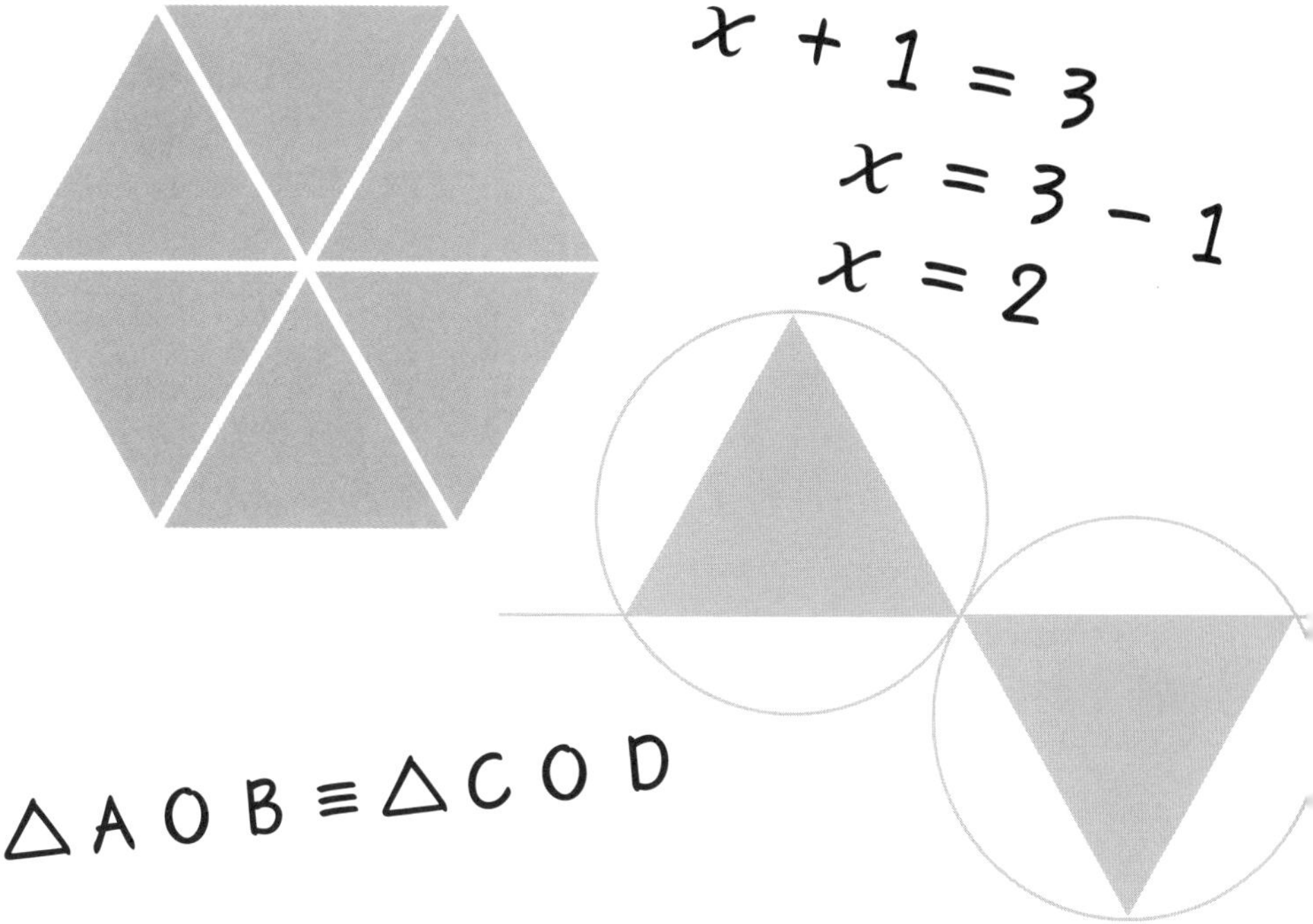
x + 1 = 3
x = 3 − 1
x = 2
△AOB≡△COD

POINT
数学を勉強すると
論理的思考力が身につく！

授業から約1か月後

- 問題集を解き直す（2周目）。方法は1周目と同じ。

※授業からテストまで1か月ない場合は、
テストまで2週間を切ったら解き直す。

毎日行う勉強

- その日までの単語・熟語ノート、英文・和文ノート、問題集の英文、教科書を音読する。

テスト2週間前〜前日

- 2周目にまちがえた問題を解き直す（3周目）。
- 単語・熟語ノートの全ての英単語・熟語を書けるか確認する。
- 英文・和文ノートの例文を全て「英文→和文」「和文→英文」に変換できるか確認する。
- 教科書の英文をすらすらと音読できるか、全て和訳できるかを確認する。

❸「英語勉強法」

◎用意するノート

授業用ノート、問題集用ノート、
単語・熟語ノート、英文・和文ノート

授業当日または翌日

● 教科書、授業用ノートを見ながら、出てきた単語と熟語とその意味を全て単語・熟語ノートに、出てきた英文を英文・和文ノートの左ページに、右ページに和訳を書く。

授業から約1週間後

● 授業に対応する部分の問題集を解き、答え合わせをする。（1周目）
● 解説を読んでもわからない問題は教科書や授業用ノートを見直すか質問する。
● まちがえた問題は正しい解答を写す。
● まちがえた問題は、問題集の問題番号の横に日付を書く。
● 出てきた単語と熟語を全て単語・熟語ノートに書く。

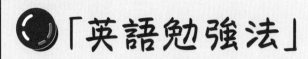

和文英文ノート〈例〉

[和文]

- トムは公園の中を走っている。
- トムは公園の中を走っていた。
- 私の妹はテレビを見ている。
- 私の妹はテレビを見ていた。
- 私の弟は野球をしている。
- 私の弟は野球をしていた。
- あなたは昨日の午前7時に何をしていましたか?
- 私はそのとき朝食を食べていました。
- あなたは昨日の午後10時に何をしていましたか?
- 私はそのとき音楽を聞いていました。

［英 文］

- Tom is running in the park.
- Tom was running in the park.
- My sister is watching TV.
- My sister was watching TV.
- My brother is playing baseball.
- My brother was playing baseball.
- What were you doing at 7:00 a.m. yesterday ?
- I was having breakfast then.
- What were you doing at 10:00 p.m. yesterday ?
- I was listening to music then.

英語 1

「読む」「書く」「聞く」「話す」は同時に鍛える！

中学高校で勉強する英語は英会話のレッスンとは異なります。

近年「聞く力」や「話す力」の重要性が強調されていますが、「読む力」「書く力」の重要性が下がったわけではありません。

つまり、「読む力」「書く力」「聞く力」「話す力」の全てを身につける必要があります。

英語は日本語と同じく「言語」なので当たり前といえば当たり前ですが。

僕たちは、勉強したから日本語を話せるようになったのではありません。

家族などにいっぱい話しかけてもらい、マネをしながら自然に話せるようになったのです。

また、幼いときから2か国語以上を話せる人もいます。

ヒトの脳は言語を身につけられるようにできているのです。

ただし英語は、母国語である日本語とは、「始める年齢が遅い」点と「圧倒的に触れる機会が少ない」点が異なります。

さすがに、学校の授業の時間だけでは「自然と英語ができるようになる」には触れる機会が少なすぎます。

そこで、英語の勉強では「英語に触れる時間をなるべく増やすこと」が大切です。

英語と数学を合わせて、合計勉強時間の7〜8割を占めてもよいと思います。

また、日本語を身につけたときのようにゆっくり「聞く」→「話す」→「読む」→「書く」の順に勉強する余裕はないので、かわりに**バランスよく「読む」「書く」「聞く」「話す」を同時に鍛えることがおすすめ**です。

そして、**英語では特に音読が重要**です。

音読をしなければ英語の成績は伸びないといっても言い過ぎではありません。

どうしても時間がない日でも音読だけでも行うことをおすすめします。

それほど重要なのです。

POINT
英語の勉強では、
他の教科以上に
「音読」をしよう！

英語2

英語の実力は語彙《ごい》力に比例する！

語彙《ごい》力とは、簡単にいうと「**単語や熟語をどれだけ知っているか**」ということです。

学校の授業では「現在形」「過去形」「現在進行形」「現在完了形」など文法や構文を中心に勉強します。

母国語ではない言語を習得する上では必要なことです。

必要な単語・熟語はいっしょに勉強するので、文法や構文を勉強する上では語彙力は大きな問題となりません。

一方で、**長文読解問題やリスニングとなると語彙力が大きな差となって現れます。**

例えば、次の文章はどのようなストーリーでしょうか？

「単語はわかるけれど、文法や構文が全くわからない」という設定で、日本語の単語のみ書きます。

『今朝私家出発7時通学路犬遅刻』

どうでしょうか？

おそらく

「家を7時に出発したけど、通学路に犬がいたから回り道でもして遅刻した」のかな？

と推測できますね。

英語長文を読むときやリスニングでは、「**どのような話かを理解すること**」が特に重要となります。

もちろん、英単語も文法も完璧に理解できるのが理想ですが、「多少文法や構文がわからなくてもどんどん読み進める」姿勢も必要です。

外国の方があまり日本語がわからなくても単語のみで堂々と「シンジュクエキ！ ドコ！」と道を聞く姿勢を見習いたいところです。

意味がわからない単語がいくつかあっても前後の文脈から推測することができますが、知らない単語を最小限にすればその時間も節約できます。

英語の成績が良い人はほぼ例外なく語彙力が高いです。

授業や教科書、問題集にでてきた英単語・熟語はもちろんですが、余裕があればそれ以外の単語もどんどん覚えることをおすすめします。

早い段階で単語帳1冊を覚えきってしまうと、その後の勉強が圧倒的に有利になります。

POINT
授業で扱っていない
単語・熟語も、単語帳を
使ってどんどん覚えよう！

単語はかたまりで覚えよう！

単語を覚えるとき、例えば「desk 机」「give あげる」「eat 食べる」のように単語は1つずつ覚えるのが一般的ですね。

これをかわりに2つ以上のかたまりで覚えてしまうという方法があります。

単語には「朝食と夕食」や「賛成と反対」のように関連性が高い組み合わせがあります。また、良く使われる「相性の良い」組み合わせもあります。日本語でも「はかる」には「測る」「計る」「図る」「量る」などの使い分けがありますね。

例えばtakeという単語は「とる、連れていく、もつ」など複数の意味があります。

そこで、「take＝とる、連れていく、もつ」と覚えるのではなく、「take a picture ＝写真をとる」「take care of my sister ＝妹の面倒をみる」とそれぞれ覚えてしまうほうが記憶に残りやすく、使いやすくなります。

このかたまりのことを「連語（コロケーション）」といいます。

教科書や問題集に連語の形で登場した場合はそのまま覚えることをおすすめします。

連語で覚えてしまうと「使い分け」を考えなくてもよいので、特に英訳や英作文のときに絶大な効果を発揮します。

多くはありませんが連語の単語帳も本屋さんで手に入ります。

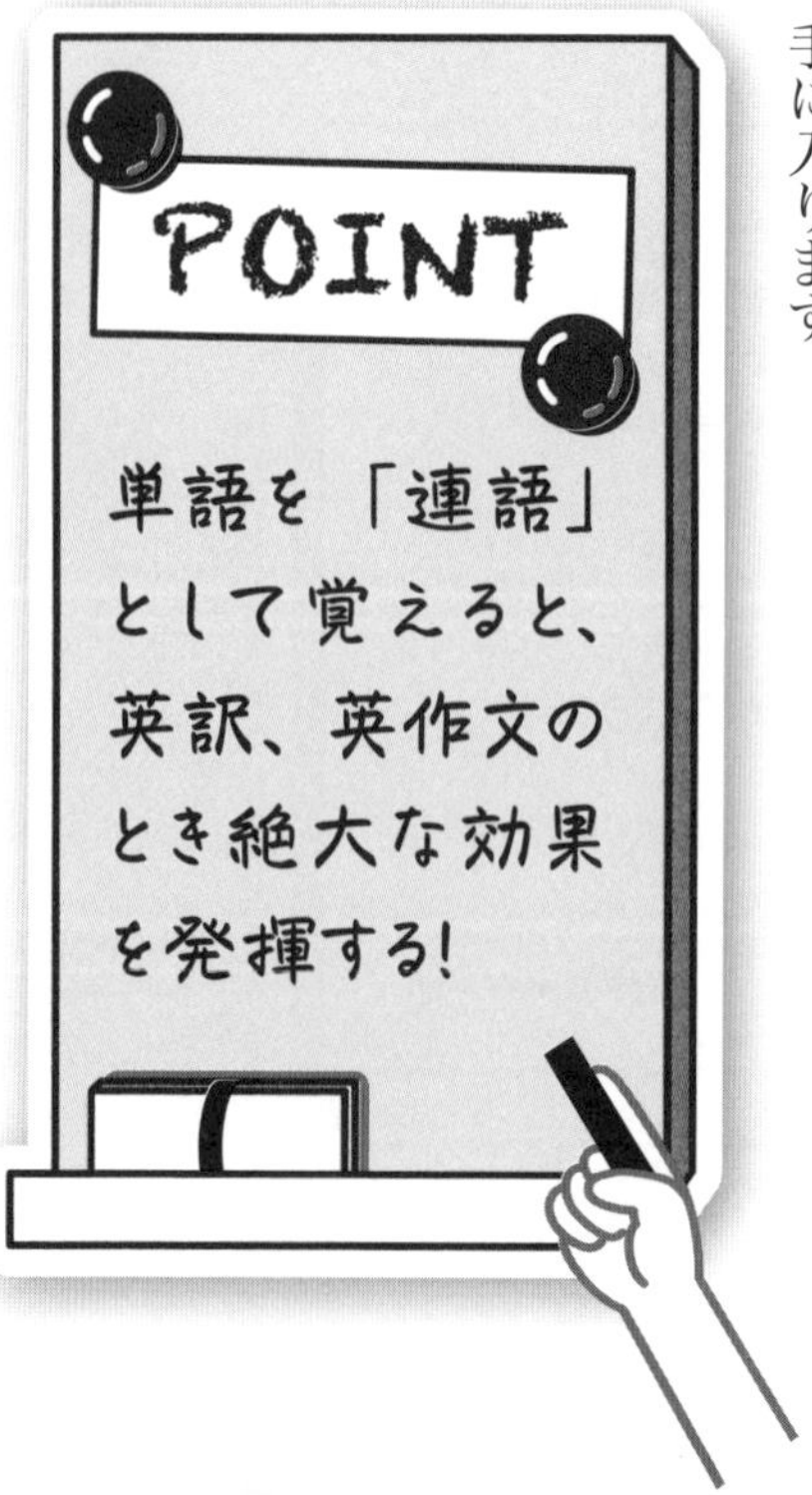
POINT
単語を「連語」として覚えると、英訳、英作文のとき絶大な効果を発揮する！

英語 4

リスニングは「聞く」と「音読」を交互に！

リスニングの勉強法についてはあまり強く紹介することができません。

なぜならば、僕自身がリスニングの苦手を克服できなかったからです。残念ながら現在もです。

そこで、塾講師時代に教えていて最も効果的であった方法を紹介します。

それは、**「聞く」と「音読」を交互に行う**という方法です。教材はCDがついているものであれば何でもかまいません。教科書か英検の対策問題集がおすすめです。

まず、英文を目で追いながらCDを聴きます。つぎに、同じ英文を音読します。さらに、もう1回英文を目で追いながらCDを聴きます。

このとき、しっかりと音読する必要はありませんが、「ぶつぶつ」とつぶやくように音読します。

最後に、何も見ずにCDを聴きます。

これが1セットです。これを毎日行います。

これを実践してくれた教え子たちはあっという間にリスニング力が僕よりも高くなりましたので効果自体は非常に高いと考えます。

僕自身のリスニング力が上がらなかったのはおそらく練習不足です。恥ずかしい話です。

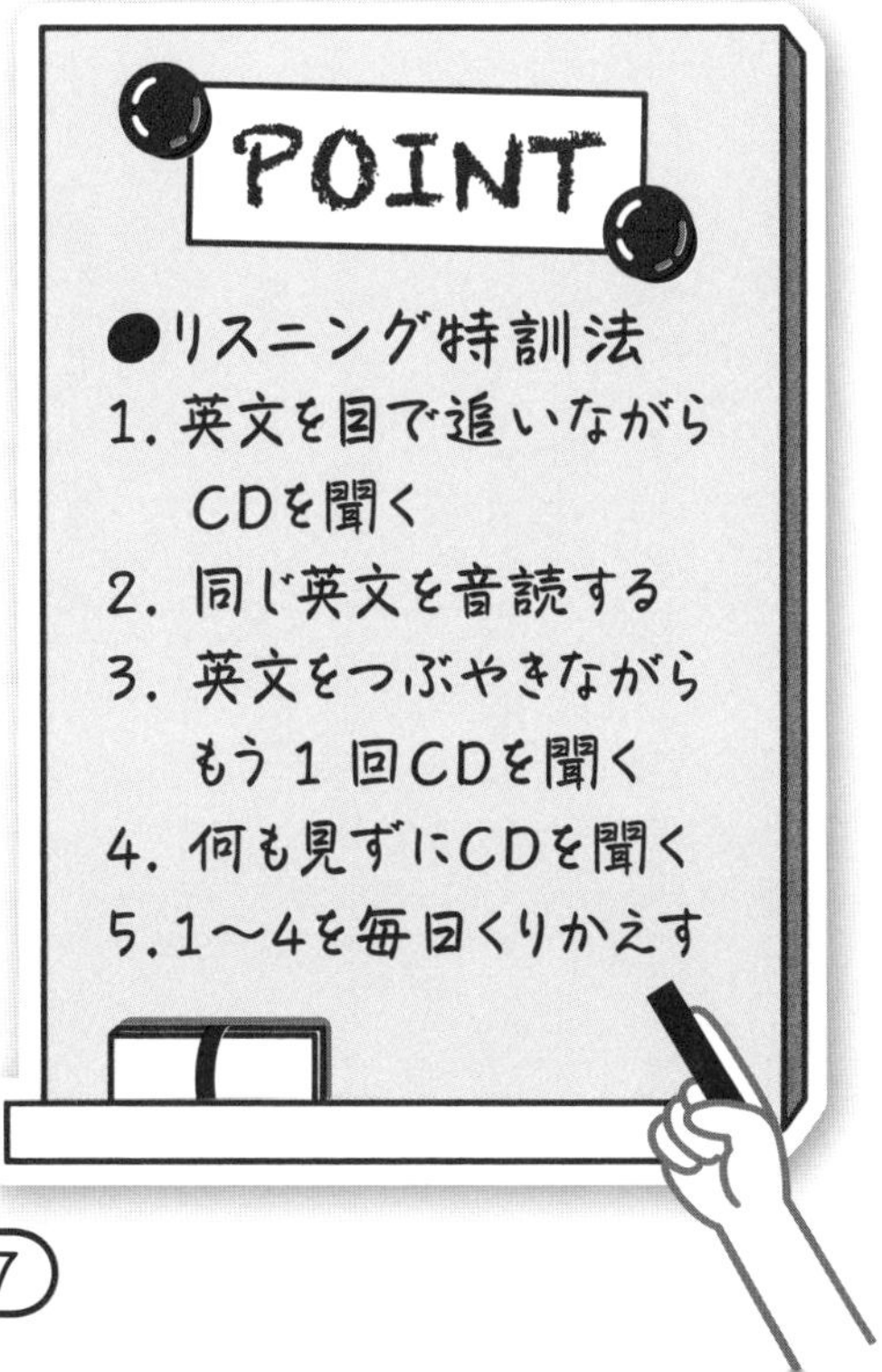
POINT
●リスニング特訓法
1. 英文を目で追いながらCDを聞く
2. 同じ英文を音読する
3. 英文をつぶやきながらもう1回CDを聞く
4. 何も見ずにCDを聞く
5. 1〜4を毎日くりかえす

英語5

英語は英語のまま理解しよう！

いきなりできるようにはなりませんが、意識してほしいことがあります。

それは「**英語は英語のまま理解する**」ということです。

これは、「気づいたらスイッチが入ったように脳が切り変わっていた」といった具合に後から気づくことが多いのですが、脳がこの状態になるとおもしろいほど英語の実力が上がり続けます。

例えば「He goes to school by bus」という英文を読むとき、はじめは「he は『彼』、go は『行く』、to school は『学校へ』、by bus は『バスで』」なので「彼は行く学校へバスで」となり、日本語の順番に直して「彼は学校へバスで行きます」（あるいは「彼はバスで学校へ通います」）と和訳します。

しかし、脳が切り変わると「He goes to school by bus」は「He goes to school by bus」でしかないのです。

順番をひっくり返さずに読んで、頭の中で「男の子がバスで学校へ通う」映像が浮かぶようになるのです。

脳がこの状態になるための最も近道は、**英文や英語長文を毎日音読する**ことです。

毎日続けていると「これがその状態か！」と自覚する日が必ずやってきます。

POINT
音読を続けていると
「英語を英語のまま
読める」
脳に切りかわる！

英語 6

何のために英語を勉強するのか？

文部科学省の外国語指導要領の「目標」を引用すると、「外国語によるコミュニケーションにおける見方・考え方を働かせ、外国語による聞くこと、読むこと、話すこと、書くことの言語活動を通して、簡単な情報や考えなどを理解したり表現したり伝え合ったりするコミュニケーションを図る資質・能力を次のとおり育成することを目指す。（後略）」とされています。

英語を「不必要」と考えている人はさすがに少ないですね。

英語は世界共通語です。英語を母国語とする人だけで4億人おり、第2言語とする人を含めると15億人以上となります。

国際化がすすむ現代社会では、今後仕事でも英語を使う機会は多くあります。

「英語を話せなければ仕事が成りたたない」状況も起こります。

また、**将来どの分野の学問を勉強するときにも、必ず英語を使います。**

なぜならば、専門的な内容を勉強するとき、教科書に載っている知識は最新ではないからです。最新の知識を得るためには論文を読む必要があるのですが、大半の論文は英語で書かれているのです。

もちろん自分で論文を書くときも英語を使います。

ところで、すでにお話したように英語を含む語学には「読む」「書く」「聞く」「話す」の4つの能力が必要となります。

以前から日本人はこのうち「聞く」と「話す」が苦手と言われています。

僕も「読む」「書く」はある程度できるのですが、恥ずかしながら「聞く」「話す」、特に「聞く」がとても苦手です。

僕の大学受験ではリスニングを使わなかったことや、これまで英語でコミュニケーションを取らなければならない状況がほとんどなかったので、ついつい避けてきてしまったというのが正直なところです。

日本人のこのような傾向を変えるために、近年では英語の授業でも「聞く」「話す」に重点を置くようになりました。

実際、英語でコミュニケーションできる人は今後より一層必要とされます。

近年では翻訳機の発達も著しいですが、旅行などでは良いと思いますが仕事となると話は別です。

「共通の言語でコミュニケーションできる」ことは信頼関係を築く上でとても重要なのです。

例えば、あなたが言葉の通じない海外を旅行しているときに突然お腹が痛くなったとします。

さて、あなたは「翻訳機片手に話を聞いてくれる医師」と「日本語で話を聞いてくれる医師」のどちらに診てほしいですか？

やはり言葉が通じる医師の方が安心できますよね。

また、来日したアスリートがインタビューを受けたときに、最後だけでも日本語で「アリガトウゴザイマシタ」と言ってくれるだけで、なんだかうれしくなって次も応援したくなりますよね。

同じように、商談など仕事で海外へ行ったときに、通訳さんや翻訳機を介するのと、その国の言語でコミュニケーションがとれるのとでは、どちらがうまくいきやすいかは明らかですね。

また、「情報を正しく知る」という意味においても外国語の勉強は有益です。

「ことば」というのはどうしても国によってニュアンスが変わります。

間に通訳者や翻訳者が入るとそのニュアンスが正しく伝わらないことがあります。

例えば、「ある国の大統領が日本との貿易摩擦について懸念を示した」というニュースがあるとして、よくよくもとの発言を調べてみると「懸念を示す」どころではなく「かんかんに怒っていた」といったことが起こります。

さらに、外国語を勉強すると**その国の文化や背景を知る**ことができます。

例えば、外国の方が前を見ずにぶつかってきてあなたのかばんが壊れてしまったとします。

明らかに外国の方に非がある状況ですが、あなたが相手を気遣って「ごめんなさい。大丈夫ですか？」と声をかけたら、「『ごめんなさい』ってことはお前が悪かったのか！　それなら俺は弁償しなくてもいいよな！」となってしまうことがあります。

これは、「自分が悪くなくても礼儀として自分も謝り相手を気遣う」という日本の文化と、「非がある方だけが謝る」というその外国人の国の文化の違いによって起こってしまいます。

お互いの文化や背景を知っていることで、はじめてコミュニケーションは成立するのです。

POINT
翻訳機などの技術が発達しても、
英語でコミュニケーションできることは
やはり重要！

授業から約1か月後

- 問題集を解き直す（2周目）。方法は1周目と同じ。

※授業からテストまで1か月ない場合は、
テストまで2週間を切ったら解き直す。

毎日行う勉強

- まとめノートの小テストを毎日解く。
- まとめノートの図を白紙に書いて
図の意味を説明する。
（練習用ノートを1冊作っても良い。）

テスト直前

- 2周目にまちがえた問題を解き直す（3周目）。
- まとめノートの小テストで満点がとれ、
図を全て書いて説明できるか確認する。
- 実験は手順を1つ1つ説明できるようにする。
- 授業用ノート、教科書、学校でもらった
プリントを全て確認する。

❸「理科勉強法」

◎用意するノート

授業用ノート、問題集用ノート、まとめノート

授業当日または翌日

- 授業用ノートを見ながら、まとめノートに覚えたい知識を小テスト形式でまとめる。
- 図はそのまま写す。

授業から約１週間後

- 授業に対応する部分の問題集を解き、答え合わせをする（１周目）。
- 解説を読んでもわからない問題は教科書や授業用ノートを見直すか質問する。
- まちがえた問題は正しい解答を写す。
- まちがえた問題は、問題集の問題番号の横に日付を書く。
- 覚えておきたい知識や新しく知ったことをまとめノートに小テスト方式で追加する。

理科 1

理科の4分野はつながっている！

文部科学省の理科指導要領の「目標」を引用すると、「自然の事物・現象に関わり、理科の見方・考え方を働かせ、見通しをもって観察、実験を行うことなどを通して、自然の事物・現象を科学的に探究するために必要な資質・能力を次のとおり育成することを目指す。

（1）自然の事物・現象についての理解を深め、科学的に探究するために必要な観察、実験などに関する基本的な技能を身に付けるようにする。

（2）観察、実験などを行い、科学的に探究する力を養う。

（3）自然の事物・現象に進んで関わり、科学的に探究しようとする態度を養う。」

とされています。

理科は4つの分野に分けることができます。生物、化学、地学、物理の4つです。

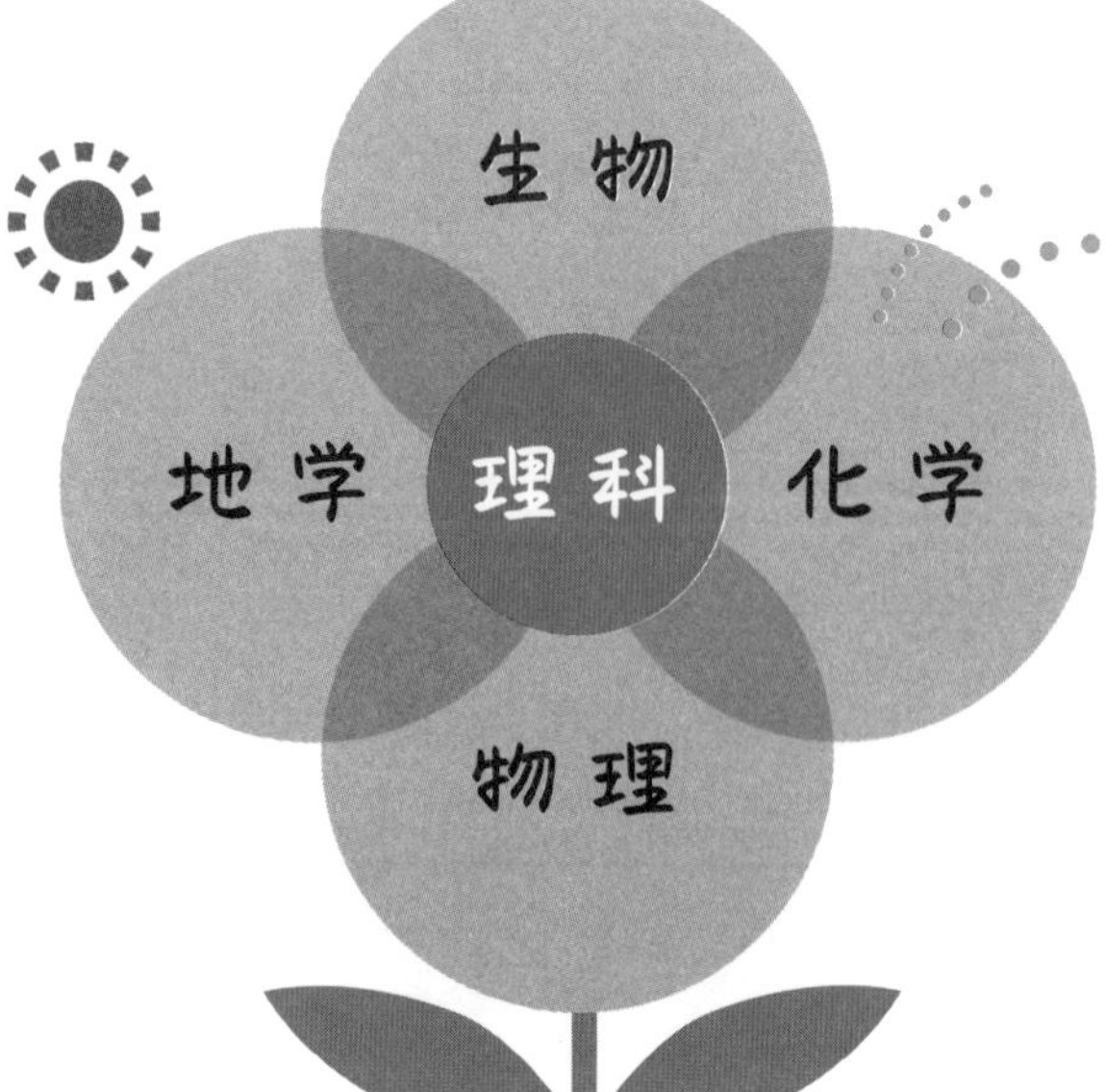

高校ではそれぞれが異なる科目として独立していますが、中学校では物理と化学は「1分野」、生物と地学は「2分野」と大きく分けられます。

好き嫌いでいうと生物や地学が好まれやすく、化学と物理がやや嫌われやすいです。

実際、計算問題が少ない生物や地学の方が勉強を始めるハードルは低いです。しかし、４つの分野にはそれぞれ異なるおもしろさがあります。

また、４つの分野は全く別のことを勉強しているわけではありません。

実は理科の４分野はさまざまな現象を異なる角度からみているだけにすぎないのです。

例えば、「花が咲く」という現象について考えてみましょう。

「植物のつくり」や「何のために花が咲くのか？」など、この現象は主に生物で勉強します。

しかし、「気温」「気圧」「天気」「気候」などの知識は地学で勉強します。また、「呼吸や光合成の化学反応」は化学で勉強します。さらに、「なぜこの構造で花や葉の重さを支えられるか？」を考えるためには物理の知識が必要となります。

勉強を続けているうちにはじめはばらばらだった知識同士がつながったときが、勉強のおもしろさを感じるときの１つです。

もちろんこれは理科に限った話ではありません。

理科や社会、理科や数学など教科を超えて知識がつながる場合もたくさんあります。

POINT
勉強を続けていると
それぞれの分野の知識が
つながってくる！

理科2

教科書の図は全て自分で描けるようになろう！

理科では**「図をそのまま覚える」**ことが重要となります。

例えば植物の茎のつくりを勉強するとき、穴埋め形式にすると意外と簡単に覚えられます。

しかし、部位の名前だけでなく「双子葉類には形成層が存在するが単子葉類には存在しないこと」や「形成層は茎を太くする役割があること」などの要点をいっしょに説明できることが重要なのです。

すなわち理科においては、**白紙の状態から自分で図を描き、意味を説明できてはじめて「知識がついた」といえる**のです。

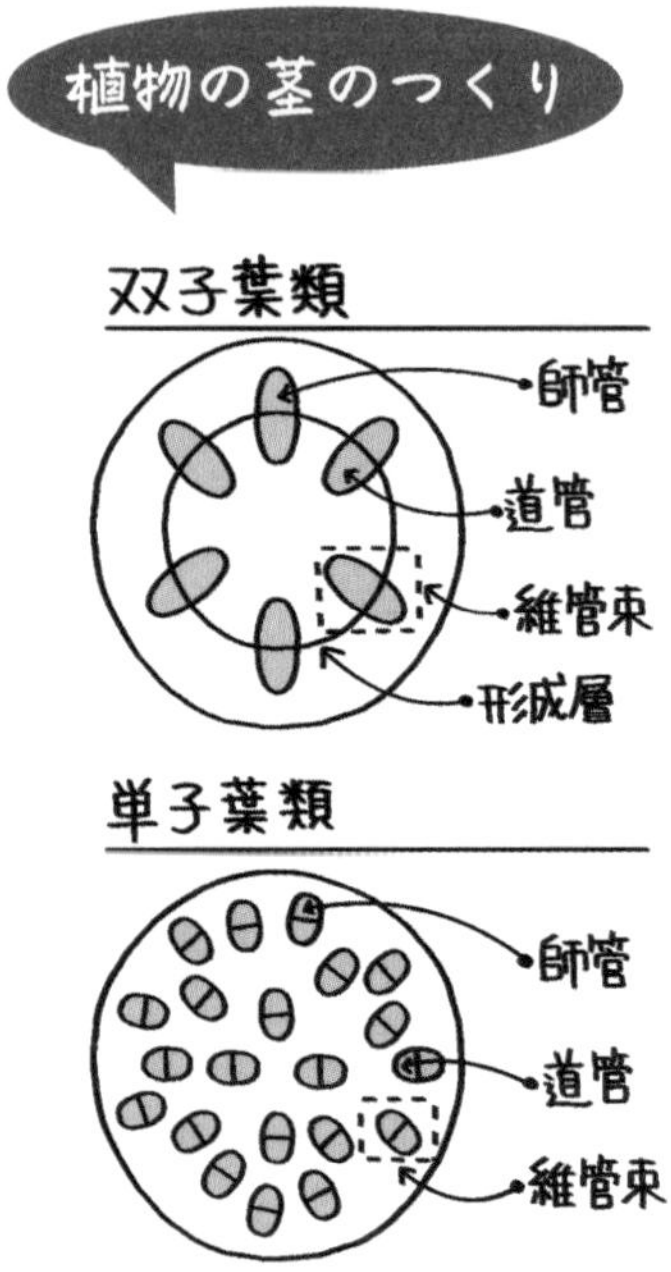
植物の茎のつくり
双子葉類
師管
道管
維管束
形成層
単子葉類
師管
道管
維管束

POINT
教科書の図は
自分で描いて説明
できるようになろう！

理科3

実験問題攻略法

理科の醍醐味でもあり難所でもあるのが実験ですね。

苦手な人も多いかと思いますが、決して難易度が高いわけではありません。

なぜなら、**実験問題は「形を変えて知識の確認をしている」**だけだからです。

酸素を発生させる有名な実験を例にとります。

実験の図をみるだけでうんざりして、思考停止してしまう人もいるかもしれませんが、そんなに難しい話ではありません。

まず上の器具（ろうと）に過酸化水素水を入れ、二酸化マンガンを三角フラスコに入れます。

発生した酸素を集めるための集気びんは水で満たして集めます。

この実験を要約すると、「過酸化水素水（オキシドール）と二酸化マンガンを反応させると酸素が発生することを確認する」実験です。

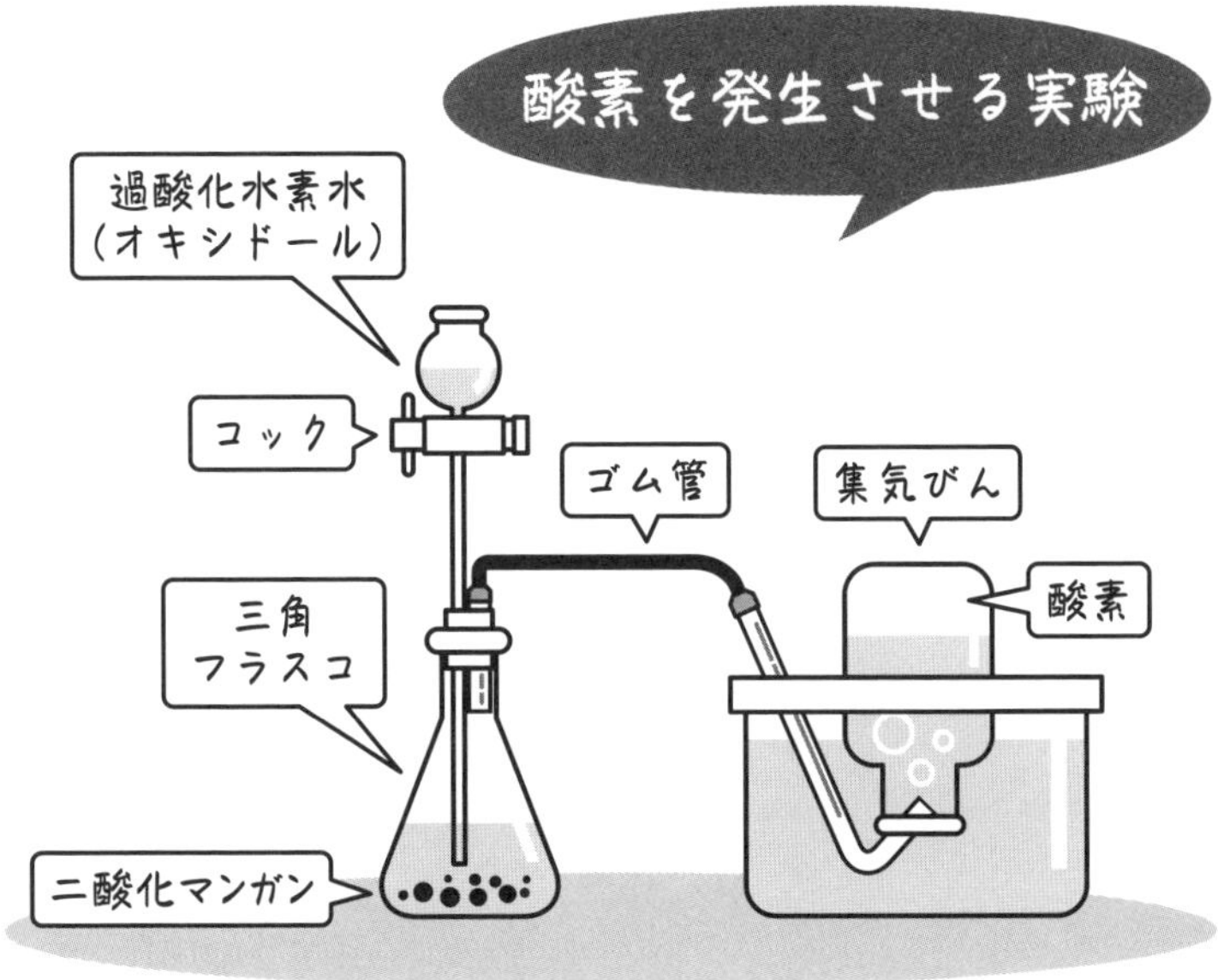
酸素を発生させる実験
過酸化水素水
（オキシドール）
コック
ゴム管
集気びん
酸素
三角
フラスコ
二酸化マンガン

あとはその周辺の知識を組み合わせると全て説明ができます。
必要となる知識は次のとおりです。

- 過酸化水素水(オキシドール)と二酸化マンガンを反応させると酸素が発生する
- 化学反応式は $2H_2O_2 \rightarrow 2H_2O+O_2$ で、単に過酸化水素水(H_2O_2)を酸素(O_2)と水(H_2O)に分解するだけの化学反応
- 二酸化マンガンは過酸化水素水の分解を助ける存在で、このような働きを『触媒』という
- 集気びんを水で満たして気体を集める方法を『水上置換法』とよぶ
- 水上置換法は水にとけにくい気体を集めるときに用いる
- 酸素は水に溶けにくい性質があるので水上置換法で集めることができる
- 酸素はものが燃えるのを助ける助燃性があるので、火を近づけると炎が大きくなる

これらの知識を確認した上でもう一度図をみてみましょう。図や実験手順の意味がおもしろいほどわかりますね。「発生した気体を確認するためにはどうすればよいか?」という問題すら予測できますね。

つまり、十分な知識があれば実験問題を恐れる必要はないのです。

実際、実験問題で高得点を取れる人は、実験の図や手順を見るだけで実験の意義や要点を推測することができます。あとは、推測が正しいか確認しながら問題を解くだけです。

問題自体も上の知識や、実験手順についての設問が主となります。

「どの知識についての実験か考える」「実験の図や手順を1つ1つていねいに確認する」ことにより実験問題は格段に攻略しやすくなります。

ここまではあくまで苦手な人が多い「実験問題」をどのように攻略すれば良いかを中心に説明しました。

しかし本質的には、ある「疑問」に対して「こうすればこうなるのではないか?」という「仮説」を立て、その「仮説」が正しいかどうかを「検証」

することが実験の意義です。

例えば、「種子が発芽するためには何が必要なのか？」という疑問に対して、ある植物の種子をA、Bの2つのグループに分けて実験を行いました。

Aのグループは水があり、光が当たり、空気がある25度の環境に置き、Bのグループは水がなく、光が当たらず、空気がない0度の環境に置きました。

するとAのグループでは発芽しましたがBのグループでは発芽しませんでした。

この時点ではBのグループが発芽しなかったのは水が無かったからなのか、光が無かったからなのか、空気が無かったからなのか、気温が低すぎたからなのかがわかりません。

そこで「発芽には水が必要なのではないか？」という「仮説」を立て、水だけは無いけれども光も空気もある25度の環境に置くCというグループを作りました。

するとAとCのグループでは「水がある」「水が無い」以外の条件が全て同じなので、もしCのグループが発芽しなければ「発芽に水は必要」、発芽すれば「発芽に水は必要ない」と証明することができます。

同じように光だけ条件を変えたグループ、空気だけ条件を変えたグループ、気温だけ条件を変えたグループをつくりAのグループと比較することで「種子の発芽に何が必要か？」を知ることができます。

これが実際の実験の流れです。

このような考え方自体が求められる実験問題も多くありますし、何よりこのように考えながら取り組むと一気に実験が楽しくなります。

実験問題に慣れて余裕が出てきたらぜひ意識してみてください。

POINT
実験問題は、どの知識を確認する実験かを考えてみよう！

理科4

何のために生物を勉強するのか?

生物(学)は、生命や生物について学ぶ分野です。僕は**「生きるとは何か?」**そのものを学ぶ分野だと言いかえています。

実は「生物とは何か?」という根本的な問いに答えるのは容易なことではないのです。

「生物」と「生物ではないもの」の違いは何でしょうか?

「生物といえるための3条件」が有名です。

3つの条件とは「体の中と外が膜で仕切られていること」「代謝を行うこと」「自らの遺伝子を残せること」です。

わかりやすくいうと「細胞をもっていること」「生きるためのエネルギーを自分でつくれること」「子孫を残せること」の3つです。

一見難しくないように思えます。

僕たちヒトにも他の動物にも植物にも当然あてはまります。

大腸菌などの細菌類にもあてはまるので、「細菌も生物である」といえます。

それではウィルスはどうでしょうか?

ウィルスは細菌と比べてもはるかに小さい存在です。冬に流行するインフルエンザウィルスが最も有名ですが、感染するとかぜなどの病気を引き起こします。

何となく細菌もウィルスも同じようなイメージがありますね。

しかし、実はこのウィルスは細胞をもっていません。自分でエネルギーを作り出すこともできません。ヒトや動物の体内でしか生きることができないのです。

しかし、感染したヒトや動物のからだの中で自分の遺伝子をコピーして増殖することができます。

では3つの条件のうち1つしか満たしていないウィルスは「生物ではない」のでしょうか?

ということは「生きていない」のでしょうか？

すると「生きていない」物質が体の中で増えて病気を引き起こすということでしょうか？

これらの理由からウィルスは「生物」と「無生物」の中間的な存在といわれています。

また、私たちは皆顔や性格などさまざまな性質が異なります。これは設計図にあたる遺伝子が1人1人異なるためです。（性質によっては環境など遺伝子以外の影響も受けます。）

遺伝子を含むＤＮＡは染色体の形で細胞の中にある「核」という器官に保存されています。

しかし、同じく細胞の中にあり呼吸の機能を担っている「ミトコンドリア」という器官のＤＮＡを調べるとなんと核のＤＮＡとは構造や配列が異なっていたのです。理由はまだ証明されていませんが、太古の昔に呼吸を行う別の生き物が細胞内に住み着いたという仮説があります。

つまり、私たちの細胞の中にはいまでも別の生き物が共生している可能性があるということです。

生物（学）は近年遺伝子技術などの発達により、長年未知であったことが分かってきたり、これまで常識と考えられていたことが覆ったりと現在進行形で進化している分野です。中学や高校で勉強する内容でもおもしろさを感じやすいので、個人的にはぜひ勉強してほしい分野です。

POINT
生物を勉強すると
「生きるとは何か？」を
考えることができる！

理科 5

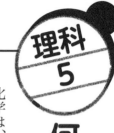

何のために化学を勉強するのか？

化学は、さまざまな物質の構造や性質、物質同士の反応を勉強する分野です。

「化《ば》け学」ともよばれるように、「**物質がどのような変化をするか**」を知ることができます。

例えば、強いアルカリ性を示す水酸化ナトリウム水溶液という液体と強い酸性を示す塩酸という液体があります。

どちらも物質を溶かす力が強く、間違って飲んでしまうと人体に有害です。

さて、この水酸化ナトリウム水溶液と塩酸をまぜるとどうなるでしょうか？

とてもやばい液体ができそうですね。

しかし、できたのは食塩水つまり「しおみず」です。

なぜこのようなことが起こったのでしょうか？

これは化学反応式で考えれば簡単に説明することができます。

水酸化ナトリウム（NaOH）と塩酸の成分である塩化水素（HCL）の反応式は以下の通りです。

$$NaOH+HCL \rightarrow H_2O + NaCl$$

NaOH の OH が強いアルカリ性の正体で、HCL の H が強い酸性の正体です。

2つの液体が混ざると OH と H が反応して水 H_2O ができます。

するとアルカリ性でも酸性でもない中性となります。この現象が中和です。

そして残った同士である Na と Cl が合体して塩化ナトリウム（NaCL）つまり食塩ができたのです。

水と食塩ができたので、食塩水となったというわかりやすい話です。

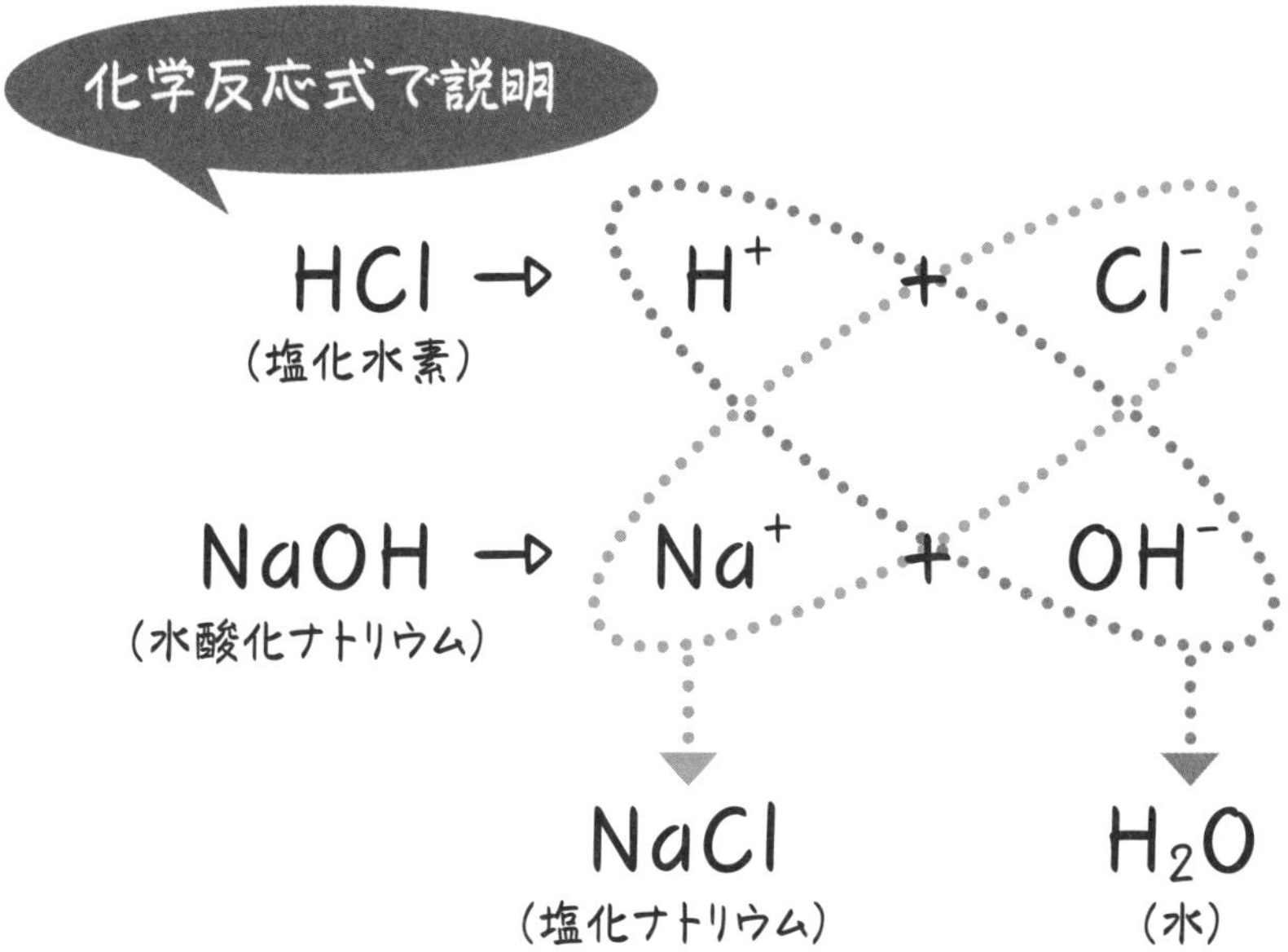

同じようになぜ植物が光合成によって水と二酸化炭素から糖（ブドウ糖）を作りだせるかも化学式を使えば簡単に説明ができます。

一見とんでもない変化をしているようにみえる現象の正体をもっと知ってみたくありませんか？

理科6

何のために地学を勉強するのか？

地学では、地層や海、気象、天体など幅広い内容を勉強します。

興味がわきやすい内容も多く、奥の深さでいうとそれこそ天文学的ですが、正直に言うと僕は苦手な分野です。

なぜならスケールが大きすぎて自分の想像力を軽く超えてしまうからです。

地学は「**地球を知る**」分野と僕は言いかえています。例えば、地球から星までの距離を表すとき「光年」という単位が多く使われます。

光の速さで1年間かかる距離が1光年です。

「1秒間で地球を7周半する速さの光が届くまでに1年間かかる距離」

と言う時点ですでに僕の想像の限界を超えていますが、オリオン座のベテルギウスまでの距離は640光年なので、光が届くまでに640年かかるそうです。

つまり、いま僕たちがみているベテルギウスは640年前の光ということです。

ということは、現在タイムマシンは僕の知る限りでは発明されていませんが、ベテルギウスから望遠鏡で地球を見られれば640年前の地球の映像が見られるということです。

誰がどうやってベテルギウスに望遠鏡を設置するかという問題が発生しますが。

また、星同士の銀河ネットワークの構造はヒトの脳に構造が極めて似ていると言われています。

1000億以上ある脳細胞の1つが、宇宙の中における地球にあたる存在という可能性があるということです。

すると僕たちはとんでもなく大きな生命体の脳細胞の上で生きているという可能性もゼロではありません。

ベテルギウス
光が届くまでに
640年
地球

もちろん天文学だけが地学だけではありませんが、この話を聞いておもしろいと思った人は合っているかもしれません。

POINT
地学を勉強すると
「地球」について知ることができる！

理科7

何のために物理を勉強するのか？

物理では力と運動の関係、電気や磁石の力、熱の力などを勉強します。

僕は「目に見えない力の正体を知る」分野と言いかえています。

例えば、目の前に鉄の玉があるとします。玉に触らずに動かすためにはどうすればよいでしょうか？

例えば「磁石を近づける」という方法が思いつきますね。

多くの人は鉄が磁石に引き寄せられることを知っているので、磁石で鉄の玉が動いても不思議な現象ではないですよね。

しかし、磁力を知らない時代の人からすればこの現象は魔法のようなものです。

もっと身近な例では「携帯電話で話す」こと自体、電波を知らない時代の人にとっては「テレパシー」と変わらないですよね。

物体の運動などの現象の裏側でどのような力が働いているかを知ることにより、「魔法」のからくりを知ることができるかもしれません。

身近に存在するけれども実はすごいモノは他にもあります。

例えばミツバチの巣です。

ミツバチの巣を近くでみると六角形の小部屋が無数につながってできています。

この構造は「ハニカム構造」と呼ばれており、実は優れた秘密がたくさん隠されているのです。

まず、同じ形をつなげて重なることなく1つの平面をつくることができるのは正三角形、正方形、正六角形のみなのです。

その中でも同じ面積にするために最も辺の長さの合計が最も小さくてすむのが正六角形なのです。

つまりは、同じ形をつなげて大きな巣を作り、最も効率良くハチミツを貯蔵するためには正六角形が理想的であるということです。

さらに、ハニカム構造は力が分散するため丈夫で衝撃にとても強いつくりとなっています。

そのためハニカム構造は航空機の翼や新幹線、建築物の材料にも応用されています。サッカーゴールのネットも六角形のものがありますよね。

物理学を勉強したわけでもないミツバチが理想的な構造の巣を作っているという事実は、神秘的でもあり自然がいかに精巧にできているかを実感させてくれます。

他にも自然からヒントを得て、技術に応用されている例はたくさんあります。物理を勉強すると、隠された見えない力を知ることができます。

POINT
物理を勉強すると、
「見えない力の正体」を
知ることができる！

授業から約1か月後

- 問題集を解き直す（2周目）。方法は1周目と同じ。

※授業からテストまで1か月ない場合は、
　テストまで2週間を切ったら解き直す。

毎日行う勉強

- まとめノートの小テストを毎日解く。
- まとめノートの図を白紙に書いて
  図の意味を説明する。
- 教科書の資料やグラフをみて説明する。

テスト直前

- 2周目にまちがえた問題を解き直す（3周目）。
- まとめノートの小テストで満点がとれ、
  図を全て書いて説明できるか確認する。
- 授業用ノート、教科書、学校でもらった
  プリントを全て確認する。

「社会勉強法」

◎用意するノート

授業用ノート、問題集用ノート、まとめノート

授業当日または翌日

- 授業用ノートを見ながら、まとめノートに覚えたい知識を小テスト形式でまとめる。

授業から約1週間後

- 授業に対応する部分の問題集を解き、答え合わせをする（1周目）。
- 解説を読んでもわからない問題は教科書や授業用ノートを見直すか質問する。
- まちがえた問題は正しい解答を写す。
- まちがえた問題は、問題集の問題番号の横に日付を書く。
- 覚えておきたい知識や新しく知ったことをまとめノートに小テスト方式で追加する。

社会1

暗記は多いが、暗記科目ではない！

社会は地理、歴史、公民の3分野がありますが、いずれも覚えることが非常に多いです。

しかし、単純な暗記科目ではありません。

というより僕は単純な暗記科目というものは存在しないと考えています。

少なくとも「単純な暗記科目」と思った瞬間、その科目のおもしろさは失われます。

新しい知識を得るために暗記は大切です。

しかし、もっと大切なのは「覚えた知識がどのような意味をもち、他の知識とどのようにつながるか」を考えることです。

理科でも同じような話をしましたね。

POINT
社会は覚えることが多いが、
常に知識同士のつながりを
考えながら覚えよう！

社会２

教科書の資料を見ただけで説明できるようになろう！

社会の教科書には肖像画やグラフなど資料が多く載っています。

もちろん、そのままテストに出る場合も多いですが、資料を活用することでより効果的に勉強することができます。

２つの資料を例にとって説明します。

上は織田信長の肖像画で、下は長篠の戦いのようすです。

しかし、ここで終わってしまってはもったいないです。

資料は文字だけの情報よりも印象に残りやすいので、ここから知識を広げていくことをおすすめします。

《資料１》
織田信長

出典：ColBase（https://colbase.nich.go.jp/）ColBase の織田信長像（模本）を加工して作成

《資料２》
長篠の戦い

出典：ColBase（https://colbase.nich.go.jp/）ColBase の長篠合戦図屏風（模本）を加工して作成

例えば上の肖像画では、

●この人物は織田信長。
●戦国時代に活躍し、天下統一まであと一歩であったが、1582年本能寺の変で命を落とした。
●本能寺の変で織田信長を討ったのは家臣の明智光秀。
●1560年の桶狭間の戦いと1575年の長篠の戦いが有名。
●桶狭間の戦いでは、当時大きな勢力を持っていた今川義元を奇襲作戦で倒した。
●長篠の戦いでは、武田信玄のあとを継いだ武田勝頼を倒した。
●長篠の戦いで信長軍は鉄砲隊を使い、当時最強といわれた武田の騎馬隊を倒した。
●信長は仏教を憎んでおり、比叡山の焼き討ちなどを行う一方で、キリスト教は保護した。
●キリスト教だけでなく、南蛮（ポルトガル）の文化に興味があり南蛮貿易を行った。

といったように、1枚の肖像画から知識を鎖のようにつなげていくと丸暗記にならずに多くの知識を得ることができます。

肖像画以外でも同じで、下の図では

●この図は1575年に起こった長篠の戦いのようす。
●左側は織田信長が率いる鉄砲隊で、右側は武田勝頼が率いる騎馬隊。
●武田の騎馬隊は最強といわれていたが、勝利したのは織田信長。
●鉄砲は1543年にポルトガル人が種子島に漂着したことがきっかけで伝わった。
●当時の鉄砲である火縄銃は1発撃ったら次の弾を撃つまでに時間がかかるという弱点があったが、織田軍はたて3列に並び、順番に打つことでこの弱点を克服した。
●図をよく見ると織田軍側には木の柵があり、これは騎馬隊の攻撃を防ぐためにつくられた。

といった具合です。

「知識の鎖」が長ければ長いほど、1つの情報からたくさんの知識を取り出すことができるのです。

つまり「知識の鎖」を長くすることで、丸暗記する量を減らすことができます。

地理や公民でも同様です。

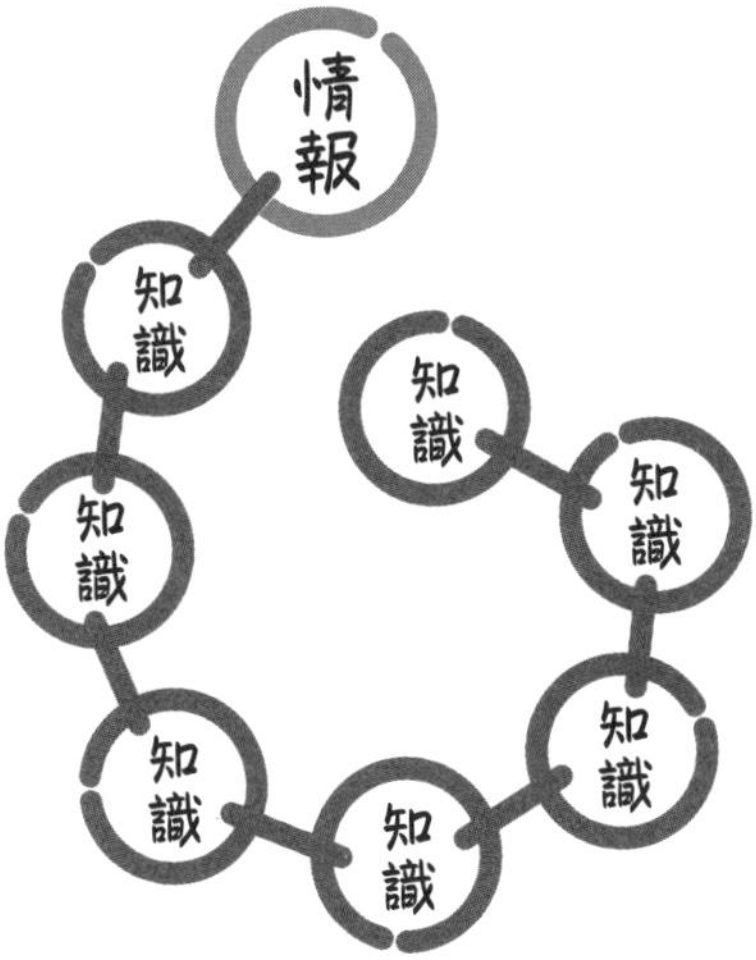

社会3

何のために社会を勉強するのか？

文部科学省の指導要領の「目標」を引用すると、「社会的な見方・考え方を働かせ、課題を追究したり解決したりする活動を通して、広い視野に立ち、グローバル化する国際社会に主体的に生きる平和で民主的な国家及び社会の形成者に必要な公民としての資質・能力の基礎を次のとおり育成することを目指す。（後略）」とされています。

僕は**「日本という国を知る」**教科と言いかえています。

日本のことをあまり知らない外国の方などから「日本ってどんな国？」と聞かれたときすらすらと答えられますか？

社会の勉強をすると、日本とはどのようなところで、どのような人が住み、どのような仕組みやルールで動いており、世界の中でどのような立場にあるかなどを知ることができます。

日本以外の地理や歴史、政治経済を勉強するのも「世界の国々の1つである日本」を知るためだと考えることができます。

国が国であるための三大要素とよばれるものがあります。

領域、人民、主権の3つです。

領域は「ここまでが自分の国」という境界です。領土と領海、そしてその上空の領空です。

人民はあなたを含めた国民みんなです。

主権は統治権ともいわれ、「国がどのような仕組みや決まりで動くか」を自分で決められる権利です。

この3つは国にとって最優先で守らなければならない最も大切なものです。

社会ではこの三大要素に関わる知識を中心に勉強します。

社会で「日本という国」について知り、国語で「日本人」について知ってはじめて、「日本」について語ることができると僕は考えています。

Japan?
日本?

POINT
社会を勉強すると、
「日本がどのような国か？」
を知ることができる！

社会4

何のために地理を勉強するのか？

地理では、簡単に言うと「日本とはどのようなところか？」を勉強します。

日本はどのような広さか、どのような山や川があるのか、何人くらい人が住んでいるのか、どのような生活をしているのか、どのような仕事をしているかなど、さまざまな切り口で日本の特色を勉強します。

山地山脈や川のなまえなどの暗記は大切ですが、暗記だけではなかなか興味を持ちにくいかもしれません。

しかし、他の教科と同じように暗記した知識同士がつながってくると、一気におもしろくなってきます。

例えば「讃岐うどん」に代表されるように香川県ではうどんが有名ですね。

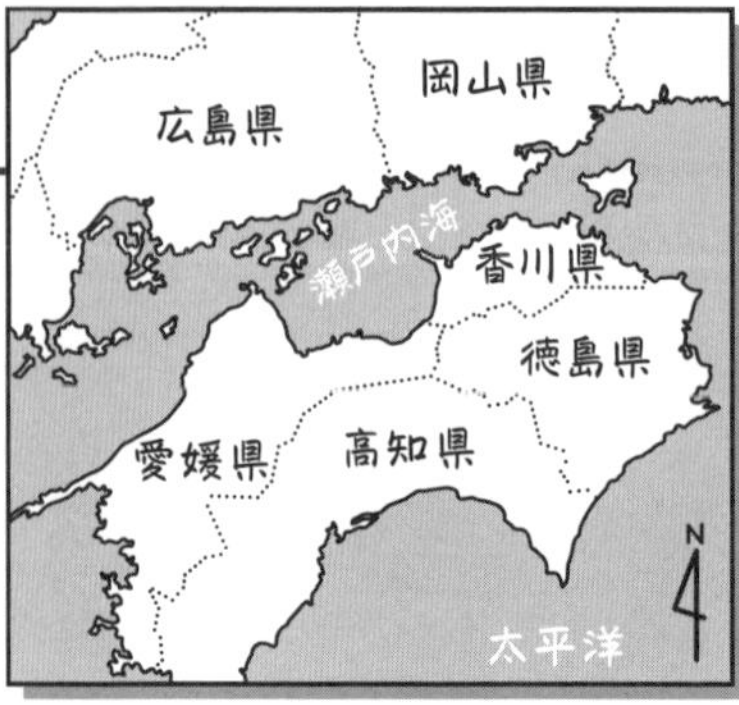

都道府県別のうどん消費量も日本一です。

それではなぜ香川県がうどん日本一の県となったのでしょうか？

香川県の場所はわかりますか？

瀬戸内海に面した四国地方の県ですね。

四国山地と中国山地にはさまれている瀬戸内海に面した地域では雨や雪を降らす季節風がさえぎられ、1年を通して雨や雪があまり降らないという特徴があります。

さらに香川では河の流れが急でせっかく降った雨もすぐに海へ流れてしまいます。

すると多くの水を得ることが難しく、水不足が起こりやすくなります。

日本人の主食である米をつくるためには大量の水が必要となるのでこれは大問題です。

そこで「ため池」をたくさんつくるなど工夫や努力を重ねて、水の確保に成功しました。

そのなごりで県内には1万6000以上のため池が残っています。

米作りには不利な環境でしたが、一方でうどんの原材料である小麦の栽培には有利な環境だったのです。

もともと小麦は雨が多く湿度の高い環境では育ちにくく、日本では気候が適していない地域が多いのです。

その点、香川の雨が少なく乾燥した気候は小麦の栽培に適していました。

そこで、米を栽培しない冬に小麦を栽培する裏作がさかんになったのです。

さらに、雨が少なく遠浅である瀬戸内海は塩作りにも適しており、うどんには不可欠の塩や醤油づくりにも有利でした。

「水を得にくい」という弱点を克服するだけでなく、逆に活用してきた歴史の積み重ねが現在につながっているのです。

もっと香川のことや他の都道府県のことも知りたくなってきませんか？

僕も学会や旅行で他県を訪れるときは、必ずその県や地域のことを調べてから行くようにしています。

有名な観光地をめぐるだけでも楽しいですが、その土地の背景を知ってから訪れると何倍も楽しめます。

地理を勉強すると旅行もさらに楽しくなりますよ。

また、**地理は必ず地図を見ながら勉強するようにしてください。**

POINT
地理を勉強すると「日本はどのような場所か？」を知ることができる！

社会5

何のために歴史を勉強するのか？

歴史を勉強する最大の意義の1つは、「過去から学び、現在や未来に活かす」ことです。

「歴史はくりかえす」ということばがありますね。時代が変わっても本質は変わっていないということはしばしばあります。

例えば、人類は何度も戦争など争いをくりかえしています。

1つ1つの争いの理由は異なりますが、権力の争いや富の奪い合いなど本質的には共通の原因であることも少なくありません。

争いに限らず、災害や政治、経済など過去から学ぶことはたくさんあります。

過去から学び、現在、そして未来へ活かすことが歴史を学ぶ大きな意味の1つです。

良いことはそのまま、あるいは形を変えてお手本とし、悪いことは「同じことが起こらないためにはどうすればよいか？」「起こってしまったときはどのように対処すればよいか？」を考えることができるのです。

ヒトは歴史から学ぶことができる動物ですが、「歴史から学ぶことができた歴史」と「歴史から学ぶことができなかった歴史」の両方があることも歴史を勉強するとよくわかります。

日本の歴史だけでも旧石器時代から現在までを勉強しなければならないのでどうしても「○○年に○○が起こった」という出来事の暗記になりがちです。

しかし、教科書にのっている出来事は、いずれもその後の歴史に大きな影響を与えた出来事であり、その関係性まで知るとより理解がしやすくなります。

先ほど長篠の戦いの話にも出てきた鉄砲伝来を例にとります。

１５４３年ポルトガル人が種子島へ漂着した際に鉄砲が伝わり、１５４９年にキリスト教が伝わりました。また、その後日本とポルトガルの間で南蛮貿易が始まりました。

　これだけでも、「なんかポルトガル人が漂着したのをきっかけにいろいろ伝えてくれたんだな」という理解はできますが、その背景を勉強すると全くの偶然というわけでもなかったようです。

　実はポルトガルはこの時代、もともとアジア進出を計画していたのです。

　そして種子島へ漂着したポルトガル人が乗っていたのは、実はポルトガルの船ではなくすでに交流のあった明（中国）の船だったのです。

　はじめに種子島へ漂着したのは偶然といわれていますが、もともとアジアの国と貿易をし、キリスト教を広めたかったポルトガルがその後日本にキリスト教を伝えたり、南蛮貿易を始めたことは自然な流れだったといえます。

　また、鉄砲伝来によってその後の戦い方が大きく変わり最強の騎馬隊を倒したように、その後の日本に大きな影響を与えたことは言うまでもありません。

　歴史は他の教科以上に知識同士のつながりが深いです。

　理想は全てのできごとや人物を鎖でつなげてしまい、どの情報からでも知識を取り出せるようになる状態です。

POINT
できごとや年号だけでなく、その「原因」や「結果」が何かを考えて勉強しよう！

社会6

何のために公民を勉強するのか？

公民では主に政治や経済や、国際社会などを勉強します。

「現代を生きる人々の活動」について学ぶ分野と僕は言いかえています。

公民を勉強することにより、社会の仕組みが分かったり、現在社会で起きていることを理解しやすくなり、勉強したことがすぐに役に立つ分野の1つです。

その一方で、常に勉強する内容が変わる分野でもあります。

例えば、僕が高校生のときに受けた授業では、「このまま少子高齢化がすすめば高齢化率が20％を超え、働く世代の負担が増える」と教わりましたが、この知識のまま、得意げに「ここままいくと20％を超えちゃうらしいよ」と話しても、

【日本の高齢化率の推移】

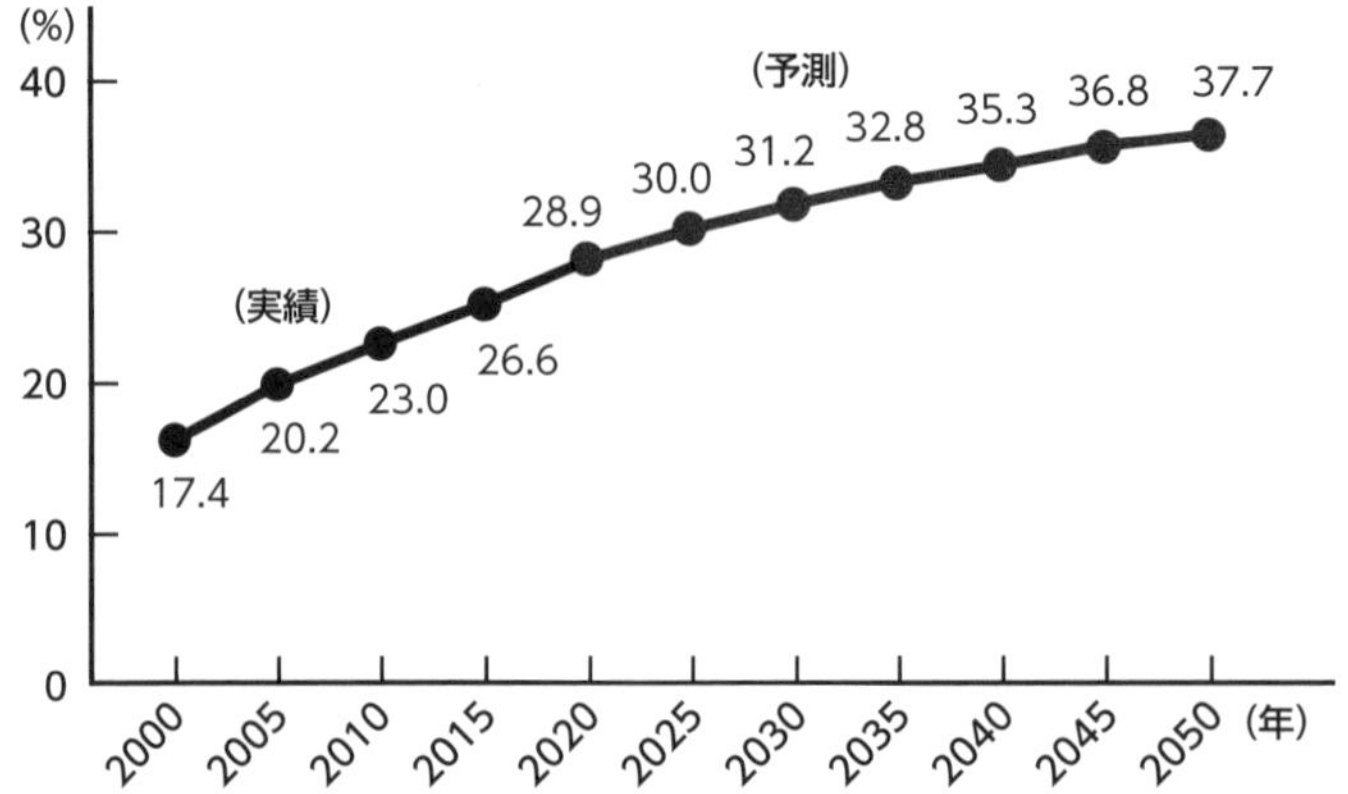

※高齢化率とは、総人口に占める65歳以上人口の割合

出典：内閣府 令和元年高齢社会白書

「いつの話をしてるの？ 20％なんかとっくに超えてるし、いまはもっと上がり続けているよ」と笑われてしまいます。

例えば10年後に方程式の解き方や漢字の読み方が変わっている可能性は極めて低いです。

しかし社会が変わり続ける以上、公民の内容は変わり続けます。

そして公民で勉強したことが、いずれ近現代の歴史へと変わっていきます。

つまり**社会で生きていく限り、勉強し続けて新しい知識を得つづけるべき分野**といえます。

また、学校の授業だけでなく、ニュースを視たり、新聞を読むことでも勉強することができるのでぜひ活用してください。

POINT
公民は
「現在を生きる人の活動」
を勉強する分野！

COLUMN

新しいチャレンジをする判断基準

新しいチャレンジをするかどうか悩んだとき、あなたならどのように決断しますか？ 基本的に僕は自分の中の3つの部門で会議をして決めています。どんな会議なのか、参考までに紹介しましょう。

3つの部門は「チャレンジが成功する見込み」「失敗したときのリスク」「本当にチャレンジしたいか」です。

まず、「チャレンジが成功する見込み」部門では、まずそのチャレンジについてなるべく多くの情報を集め、自分の実力、環境、時間的経済的余裕などを徹底的に評価して、具体的方法とその方法がうまくいきそうかを可能な限りシミュレーションします。成功確率が90%以上と評価することができればこの部門は「賛成」となります。

次の「失敗したときのリスク」部門では、失敗したときにどのようなリスクを伴うかについて可能な限り評価します。特に「最悪の場合どのような事態になるか」は慎重に評価します。それらのリスクが自分にとって受け入れられるものであればこの部門は「賛成」です。

最後に「本当にチャレンジしたいか」部門です。この部門はシンプルで、自分自身に「君は本当にこのチャレンジがしたいのか？」と問いかけ、「チャレンジしたい」と思えればこの部門は「賛成」です。

会議の結果、3つの部門が全会一致で「賛成」であれば、迷わずチャレンジします。

全会一致で「反対」の場合はもちろん、2つの部門で「反対」の場合、原則見送ります。

2つの部門で「賛成」、1つの部門で「反対」の場合は再投票です。それぞれの部門でより深く議論を掘り下げる、すなわち徹底的に考えます。

再投票でも「賛成」多数の場合は、チャレンジすることが多いです。

実際には、「もう少し小さいチャレンジから始めてみよう」や「チャレンジはするけど、このような事態になったらすぐに中止しよう」などのように100か0にはならなかったり、チャレンジ開始後の修正も重要となります。しかし、あらかじめ自分の中の基準を決めておくと、いざ大きな決断をせまられたときの助けとなってくれます。

PART・5

長期的に すこしずつ 身につけたい 学力

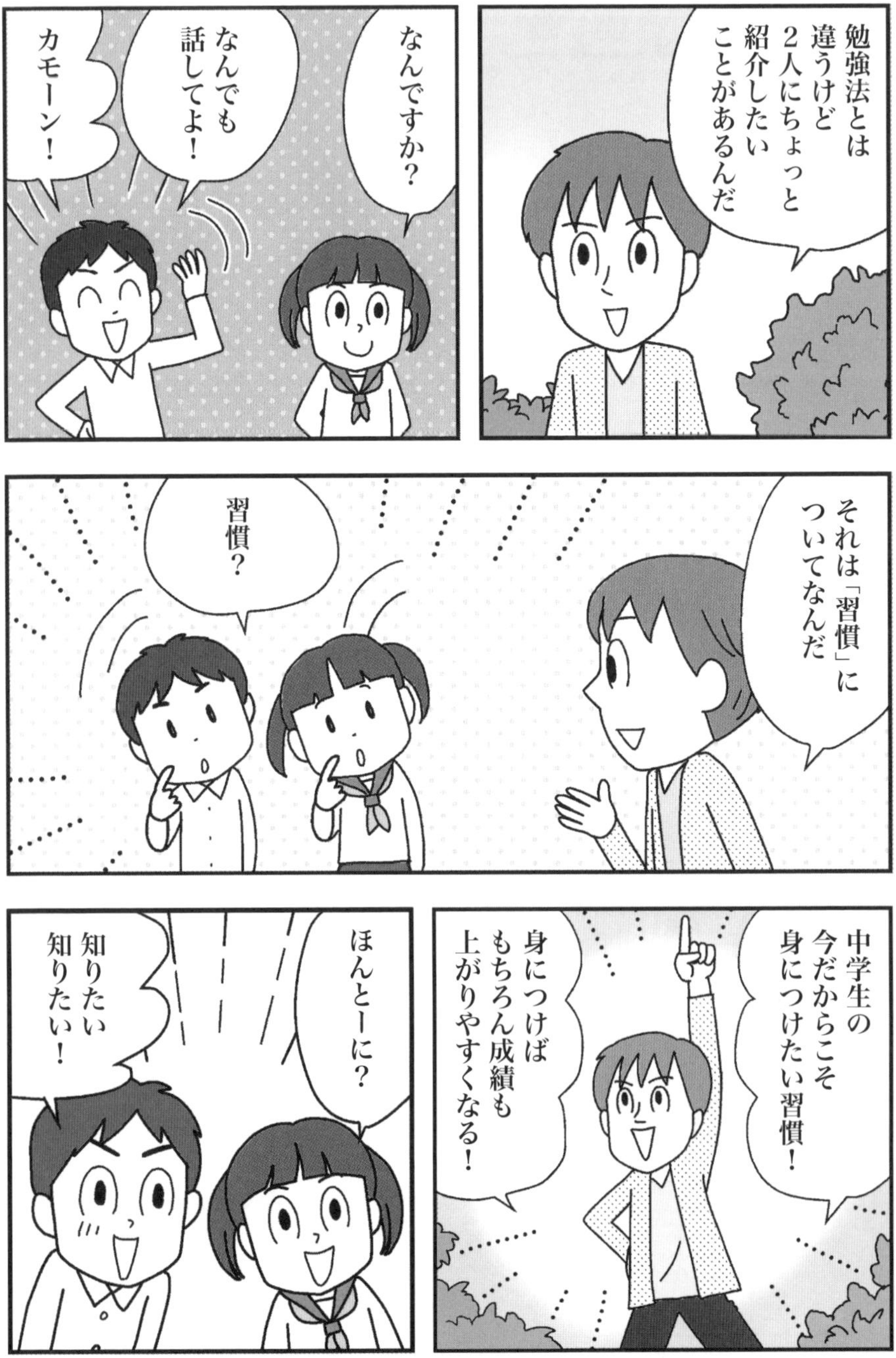
勉強法とは違うけど2人にちょっと紹介したいことがあるんだ
なんですか?
なんでも話してよ!
カモーン!
それは「習慣」についてなんだ
習慣?
中学生の今だからこそ身につけたい習慣!
身につけばもちろん成績も上がりやすくなる!
ほんとーに?
知りたい知りたい!

ここ数十年で世の中は著しく変化してきたよね
インターネット
人工知能
技術の進歩
PC
うん、うちにもあるよ
スマートスピーカー
AIが入ってるんだって
ウチのお母さんにもAI入ってるよ
中学受験勉強時代の
名コーチ!!
愛子＝AIKO
座布団1枚持ってきてー
2人が社会に出るころには世の中はもっと変化すると言われているんだ
すると今後人間に求められる能力も大きく変化する可能性がある
能力

パソコンが使える以外に？
もっと新しい技術を身につけるってこと？
それだけじゃない
人工知能がさらに発達して高度な学習や思考を持つようになると人工知能の方が優れている能力の価値が下がっていくかもしれないんだ
そ、そうですね
記憶力とか計算力とか…すでに負けてるもんね
反対に人の方が優れている能力は今後さらに重宝される
例えばどんな能力？
考えや感情を理解する能力
共感する能力
チームをまとめる能力
人を笑顔にする能力
などかな
ステキな能力！
まるでオレやん！
あー！
人工知能にはなかなかマネできないかもしれないね

将来、社会で活躍するにはそのときの社会で求められる能力を身につける必要がある
AIにはできない能力ってこと？
どうやって身につけるの？
それには毎日の習慣がとっても重要！
これから紹介する習慣は間違いなく将来通用するものだよ
2人が社会に出るときにどんな世の中になっているかはわからないけど
早く始めた方が習慣は身につきやすい
この機会に始めてみよう！
わかりました―！

1

忙しくても睡眠時間はけずらない！

中学校生活はやっぱり忙しいです。

忙しい中で勉強時間を確保するのは正直大変です。

しかし、どんなに忙しくても決してしてはならないことがあります。

それは「睡眠時間をけずること」です。

理由はシンプルで「**眠いと頭が働かず、あらゆる活動の効率が下がる**」からです。

眠いときに勉強しても頭に入ってこないですよね。

眠い状態で長時間勉強するよりも、眠くない状態で短時間勉強する方が効率は良くなります。

また、記憶は寝ている間に定着するので、しっかりと睡眠をとることで暗記の効果も上がります。

それでは睡眠時間はどのくらい確保すれば良いのでしょうか？

これは人によって異なりますが、最低7時間、できれば8時間確保したいところです。目安は「**食後などを除いて、夜まで眠気を感じずに活動できる**」**睡眠時間**がおすすめです。

一日中眠かったり、休みの日に昼前まで寝てしまう場合は、睡眠時間が不足している可能性が高いです。

ヒトの睡眠は、浅い眠りと深い眠りを90分ごとにくりかえしているので、「睡眠時間を90の倍数である7時間半や9時間に合わせる」という方法もありますが、合わせるのは簡単ではないので参考にするくらいで良いと思います。

また、同じ時間に布団に入り、同じ時間に起きることで睡眠の質も向上します。

寝る前にスマホなど強い光をみると睡眠に入りにくくなったり、通知により睡眠の質が下がるおそれがあるので、**寝室にはスマホを置かない**ことがおすすめです。

POINT
どんなに忙しくても
十分な睡眠時間を
確保しよう！

2 面倒くさくても後回しにしない！

やらなければいけないけれど、面倒くさいから後回しにしたいときってありますよね。

これは多かれ少なかれ誰にでもあります。

ささいなことでは、「おかしの包み紙を3メートル先のごみ箱に捨てに行くのが面倒くさい」「新しい消しゴムを買おうと思っているけど、買いに行くのが面倒くさいから結局古くて小さい消しゴムを使い続けている」などです。

ごみや消しゴム程度であれば問題ないですが、テスト勉強や受験勉強を後回しにすると大変なことになりますね。

そこで、「小さな『面倒くさい』を後回しにしない」ことを意識して行動してみてください。

小さな「面倒くさい」を後回しにしない習慣がつくと、もっと大きい「面倒くさい」がやってきたときもすぐに行動できる可能性が高くなります。

正直なところ意識はしていても「小さな面倒くさい」に負けてしまうことは僕もしょっちゅうありますが。

3 興味をもったことはすぐにチャレンジしよう！

新しいことを始める最高のタイミングは「興味がわいたとき」です。

そのとき、別のことにチャレンジしていても、新しいことにどんどんチャレンジしたほうが良いです。

なぜなら、興味をもったときが最も気持ちの温度が高く、熱中できるからです。

後回しにするとその間に冷えてしまいます。

もちろん、試験前などすぐにできない場合も当然ありますが。

たしかに、「一度始めたことを継続してやり切る」ことも大切です。しかし、「新しいことを始める」ことと「いましていることを投げ出す」ことは同じ意味ではありません。現在取り組んでいることは続けながら新しいことにチャレンジすればよいのです。時間の関係などでどうしても両立できない場合は「中止」ではなく「中断」すれば良いのです。

「興味」はチャレンジのための最大の原動力ですが、手に入れようと思って手に入れることができません。

せっかく「興味」がわいたなら、すぐにチャレンジにつなげましょう。

POINT

興味をもったことは、可能な限り「気持ちの熱」が冷めないうちにチャレンジしてみよう！

4 本を読もう！

本を読むと良いことがたくさんあります。

まず勉強に関することでは、たくさん本を読むと文章を速く正確に読む力が身につき、国語をはじめとした全ての教科で有利となります。

そして、より重要なのが「これまで知らなかった世界をみることができる」ことです。

読む本は小説でも専門書でもかまいません。

条件は1つだけ、「興味をもった本」です。

入口としては小説がわかりやすいですが、興味がわいたら「占いの本」でも「株の本」でも「医学の本」でも良いのです。

どの分野も基礎知識がなくても理

解できるような「入門書」が必ず存在します。

「高校を卒業しないと株や投資の本を読んではいけない」などという決まりはありません。

むしろ、同世代の人が誰も知らないうちに新しい世界を知ることができます。

本屋さんに行ったときには、学習参考書コーナーやコミックコーナー以外にも足を運び、少しでも興味をもった本は手に取ってみてください。

ちなみに本は本でも「コミックは勉強に悪影響を与えるかのではないか？」という議論が長年あります。

もちろんコミックの読みすぎで勉強時間がけずられている場合は問題ですが、僕個人的にはコミック肯定派です。

コミックに限らず、テレビゲームやアニメも勉強に悪影響を与えないと考えています。

コミックもテレビゲームもアニメも現実と異なる世界をみせてくれるという意味で小説より劣るとはいえませんし、作りこまれた作品は大きな感動を与えてくれるだけでなく生き方や考え方に大きな影響を与えることさえあります。

僕自身、医学書や他の分野の専門書ももちろん読みますが、小説よりもコミックを読むことが多いですし、人生に大きな影響を受けたゲームもあります。

「みなさん、ぜひコミックを読み、ゲームをしましょう！」というつもりは全くありませんが、せっかく興味をもったのに「コミックだから」「ゲームだから」という理由で除外するのは非常にもったいないです。

個人的には日本のコミック、アニメ、ゲームは世界一だと思っているので、それらを母国語で楽しむことができる環境に感謝して楽しんだ方が良いと考えています。

大切なのは付き合い方です。

歩き読書はあぶないよ！
薪を運びながら
二宮金次郎風

POINT

小説や中学生向けの本に限定せず、興味をもった分野の本は積極的に読もう！

5 失敗は正しく恐れよう！

チャレンジは大切ですが、「失敗を恐れずにチャレンジしよう！」というアドバイスには以前から疑問を感じています。

失敗は楽しいものではありません。できればしたくないですし、しなくてすむならその方が良いです。

たしかに、現実的には新しいチャレンジには失敗はつきものです。

そして、その失敗から学ぶことが成功へつながるというのも事実です。

しかし、「失敗はしたほうが良いからどんどん失敗しよう！」というものでもありません。

「**失敗しないようにしっかりと準備や対策をした上で、それでも起こってしまった失敗を振り返り、次のチャレンジに活かす**」**ことではじめて成功へつながる**と考えています。

また、同じ失敗でも「取りかえしがつかない失敗」をしてしまうと二度とチャレンジできなくなってしまうことがあります。

そこで新しいチャレンジをするときは「失敗を恐れない」のではなく「**失敗を正しく恐れる**」ことが大切なのです。

そのためにはまず、「もし失敗したらどうなるか」を考えてみるのです。

「最悪の場合どうなるか？」「その状況が起こる可能性はどのくらいあるか？」を考え、それが自分にとって受け入れられるかを判断するのです。

その上で、思いつく限り「失敗するパターン」を想定し、「その失敗を防ぐことができるか」を考え、できる対策は全て行います。

その上で失敗してしまっても、その経験は確実にあなたの財産となります。

「同じ失敗をしないためにどうすれば良いか」を改めて検討して、次のチャレンジにつなげるのです。

失敗その1
失敗その2
失敗その3
失敗その4
失敗その5
!
POINT
正しく恐れた上で
起こってしまった失敗は、
大切な財産となる！

6 他の人がやっていないことをしよう!

他の人がやっていないこと、あるいはやれないことというのはそれだけで価値があります。

僕が小学生のとき全校で縄跳び大会がありました。

そして、各飛び方の1位の人が優勝者として表彰されるというルールでした。

一番自信があったのは前飛びでしたが、おそらく多くの人が前飛びを選ぶので僕の実力では優勝するのは困難でした。

しかし、せっかく参加するなら優勝したいと思ったので、「優勝できる方法」を真剣に考えました。

そこで僕が選んだ飛び方は「後ろ交差飛び」でした。

結果は20回飛べて、2人中1位で優勝でした。

もちろん、これが「正しい方法」というつもりはありません。

優勝できる可能性は低くても自分の得意な前飛びで勝負するのも正解の1つだと思いますし、優勝だけに価値があるわけではありません。

そもそも「前飛び優勝」と「後ろ交差飛び優勝」に同じ価値があるとは僕も思っていません。

ただ、優勝という「結果」にこだわるならばこのような方法もあるということです。

例えばビジネスの世界でも、圧倒的においしいわけでなければ、しょうゆラーメン屋の激戦区でしょうゆラーメンで勝負するよりも、とんこつラーメンで勝負したり、しょうゆラーメン屋が1軒もない地域で勝負するほうが成功する確率は上がりますね。

「他にできる人がいない」というのはそれだけで価値があります。

例えば、英語力に自信があるA君が、全員英語が話せる会社に入っても「英語が得意であること」は当たり前でありそれだけでは特別な価値を生みません。

しかし、誰も英語が話せない会社に転職した瞬間、会社で英語を話せるのはA君だけとなり、英語が必要な仕事は全てA君が頼まれ、A君はかえのきかない唯一無二の存在となります。

人がやっていないことには大きなチャンスが隠れているのです。

ただし、何でもかんでも他の人と違うことをすればよいということではありません。

さすがに誰もやっていないからと、縄跳び大会で一輪車を始めたら怒られます。

「右をみてください」といわれたときに「左をみる人」はただのあまのじゃくです。

社会で成功しやすいのは「右をみてください」といわれたときに「顔を右へ向けながら、『横目で』左もちらちらとみている」ような人だと僕は考えています。

だから
そういうんじゃなくて……

POINT
能力の価値は環境によって変化する！

7 努力は必ず報われるのか？

ここで少し厳しい話をします。しかし、大切なことなのできちんと話しておきます。

「努力は必ず報われる」というアドバイスを1度は聞いたことがありますね。これは真実でしょうか？

残念ながら真実ではありません。

真実は「努力が報われることもあるが、必ずではない」です。

さらに「努力が報われるかどうかは、実際に努力してみてはじめてわかる」も真実です。

人には「向き不向き」があります。「才能」と言いかえることもできます。

「才能」がある人は少しの努力でも結果が出ます。そして「才能」がある人が全力で努力すると大きな結果がでます。

反対に「才能」がない人は同じだけ努力をしても大きな結果は得られません。

例えばピアノの才能がない人が全力で努力してもピアニストとして成功するのは難しいです。

「才能」×「努力」＝「結果」

野球の才能がない人が全力で努力してもプロ野球選手になれる可能性は低いです。

これが現実です。

そして、「才能」の多くは、生まれつきか幼いときの環境の影響が大きいと言われています。

やる気がなくなってしまいましたか?

大丈夫です。ここからが大切な部分です。

「努力は必ず報われるわけではない」は「努力は無意味」ということではありません。

得られた結果以上に「全力で努力したこと」自体に重要な意味があるのです。

勉強に限らず、スポーツや仕事など世の中の多くのものには

「才能」×「努力」＝「結果」

という公式がある程度成り立ちます。

この式から考えると、「才能のある人は少しの努力でも結果がでる」「才能がある人が全力で努力すると大きな結果がでる」「才能がない人は全力で努力しても大きな結果がでない」というのは納得ですね。

「才能」×「努力」×「運」＝「結果」

例えばトップクラスのプロスポーツ選手やミュージシャンは、最大級の才能をもった人が最大級の努力をした人の集まりなのです。

大きな結果を出すためには、「**才能がある分野で全力で努力する**」ことが必要になります。

しかし、「**あなたに何の才能があるか**」は誰も**教えてくれません。あなたがみつけるしかない**のです。そして、**あなたが自分の才能を発見するためには「全力の努力」が必要**なのです。

例えば、数学の才能があるかどうかは数学に全力で取り組むことでしかわかりません。全力で努力したけれど、全く結果がでなかった。ここではじめて「数学の才能がない」といえるのです。

反対に数学が一番の苦手科目だったけれど、全力で努力した結果どんどん得意になり、「実は数学の才能があった」と気づくかもしれません。

あなただけの才能を発見し、それをどんどん伸ばす。

そしてその才能を最大限活かせる環境や方法をみつける。

結果の城
運の森

「才能」×「努力」×「周囲の環境」＝「結果」

これが社会で活躍するために必要なことです。

また、実際には「才能」×「努力」×「運」＝「結果」や「才能」×「努力」×「周囲の環境」＝「結果」など他の要素が大きく影響していることもあるのが、難しくもありおもしろいところでもあります。

「並外れた努力」と「その他の要素」によって、「才能」の不足を補って大きな結果を出すことも可能となるかもしれません。

POINT
一見向いていなさそうなことでも全力で取り組み、自分の「才能」を発見しよう！

8 普段から「なぜ？」「どうなる？」を意識しよう！

普段から「なぜ？」「どうなる？」、つまり「原因」と「結果」を意識すると、PART4でも説明した論理的思考が身につきやすくなります。

「AだからB」という関係が成り立てば、Aが「原因」、Bが「結果」です。

「原因」と「結果」の関係性のことを「因果関係」とよびます。

例えば、「今日の朝ねぼうをして学校に遅刻した」とします。

この場合「ねぼうをした」ということが「原因」であり、「遅刻した」ということが「結果」となります。

私たちが生きる社会もさまざまな「因果関係」によって成り立っています。

そして「因果関係」は、事実に対して「なぜ？」と「どうなる？」を考えることでみえてきます。

例えば、

「自宅近くのコンビニにはアイスの種類が少ないのに、駅前のコンビニにはアイスの種類が多いのはなぜ？」

「東京は土地が高いのに、会社やマンションが集まっているのはなぜ？」

「もしこの交差点の信号機をなくしたらどうなる？」

「もし運動会を1月にしたらどうなる？」

などです。

気になったことは、とりあえず「なぜ？」「どう

なる?」を考えてみてください。

「なぜ?」「どうなる?」の正しい答えがわからなくてもよいのです。

正しいかどうかはわからなくても、自分なりに筋の通った答えを考えることが重要です。

自分なりに考えた答えのことを「仮説」といいます。

ちなみに、せっかく「なぜ?」「どうなる?」を考えたら合っているかどうか確認したいですよね。

いまの時代、すでに答えがわかっていることはインターネットや図書館で調べることによって簡単にわかりますので、仮説を立てたら忘れないうちに答え合わせをしてみてください。

その一方で、世の中にはまだ「答え」がわかっていない「なぜ?」や「どうなる?」がたくさんあります。

誰かが「答え」を探している途中かもしれませんし、あなたしかその仮説にたどりついていないかもしれません。

その「答え」にたどりつくのは将来のあなたかもしれません。

POINT
気になったことは
「なぜ?」
「どうなる?」
を考える
習慣をつけよう!

9 自分の意見を上手に伝えるコツ

自分の意見を伝えることが苦手な人は多いです。これは単につっかえずにすらすらと話せるかどうかの問題ではありません。滑舌はいいのに結局何を言いたいかわからない人もいますよね。

例えば、本屋さんで友達に「この本どうだった？買った方がいいかな？」と相談したとき、

> 本って読む人によって受け取り方がそれぞれ異なるから一概には言えないんだけど、この本は理解度によっておもしろいと思える人と思えない人に分かれる本だと思うよ。僕も読んでいてはじめはおもしろいと思ったけど、後半になるにつれておもしろいと思えない部分もあったよ。もちろんそれは僕が正しく理解できていないだけの可能性もあるけどね。君もこの分野の知識が十分とはいえないかもしれないから、もっと基本的な本で知識をつけてからでも遅くないかもしれない。もちろん、おもしろいと思える部分もあったから、早めに読むことを否定するつもりはないんだけどね。

と言われたらどうでしょうか？

「うん、ありがとう……もう大丈夫」

となりますね。

日本語という言語の特性上、どうしても前置きや遠回しな表現が多くなってしまいがちですが、さすがにここまでくるとわかりにくすぎますね。

これは極端な例ですが、話がわかりにくい人は同じように「回りくどい」「何度も同じことを言っている」「あいまいで結局何が言いたいかわからない」「聞かれたことに答え

ていない」といった現象が起きている可能性が高いです。

そこで、すぐに実践できる「言いたいことが伝わりやすい話し方」のコツを紹介します。

それは、「はじめに結論をいう」「次にその理由をいう」「1文を短くする」『かもしれない』などあいまいな表現を減らす」の4つです。

先ほどの例では、

> この本は買わない方がいいと思うよ。なぜなら基本的な知識がないと理解できない本だったからね。僕も後半は理解できなかったよ。おもしろい内容もあったから基礎知識をつけてから買った方がいいよ。

のようにしたほうがわかりやすいですね。

116ページで紹介した小論文の書き方とも重なりますが、特に「○○です。なぜなら○○だからです」という「結論→理由」の流れを意識するだけでも伝わりやすくなります。

POINT
「相手に伝わりやすい話し方」
1. 初めに結論を言う
2. 次にその理由を言う
3. 1文を短くする
4. あいまいな表現を減らす

1か月半後
福富先生！先生！先生！
きききき期末テストが戻ってきましたー！
ドドドド
全教科平均点以上！
社会なんか90点！
ぜーぜー
すごーい！
テストのとき問題を見たら
知ってる問題ばっかり！
って感じでした！
イケる!!
福富先生に新しい勉強法を教わってよかった！
効果が出たね！
しかもこんなに早く!!
康太くんはどうだっ…
どよ〜ん
えっ？
ほとんどの教科で平均点には届かず…
うんうん

でも数学だけは94点でしたー！
ヤッタ！
なんとクラスで2位!!
あと、毎日勉強できるようになったよ！
本当に!?
驚愕!!
まあ、最初からやればできる子だったんだけどね！
た……確かにそうだった！
他の教科もこれからどんどん伸びてくるよ！
努力を続けよう！
はいー！
あとね、父さんとプログラミングの勉強も始めたよ
おー！
すごくいいね！
これからもいつでも聞きに来てよ！
もちろん！
習慣化してまーす！

おわりに　――小児科医からみなさんへのメッセージ

❶ 僕がこの本を書いた理由

ここまでお付き合いいただきありがとうございました。

最後に小児科医である僕がなぜこの本を書こうと思ったかをお話しします。

僕は中学時代、定期テストの順位は常に下位でした。

高校に入ってから試行錯誤を重ねて少しずつ苦手を克服し、浪人生活の末に医大に合格することができました。

医大に入学してすぐに僕は塾講師として学習塾で働き始めました。かつての自分と同じように、勉強が苦手で悩んでいる子に苦手を克服してもらいたいと思ったからです。

担当させてもらった子たちが努力してくれたおかげで、1年目から実際に何人もの中学生が成績を上げることができました。

「自分の勉強法が自分以外でも効果があったこと」ももちろんうれしかったですが、それ以上に、良い成績を取って喜ぶ顔をみたり、良い成績を取ったことで自信がつき性格まで明るくなった子がいたり、受験という人生の大舞台に立ち会わせてもらったりしているうちに、気づいたら医学部6年間の大半を塾講師として過ごし、小4から高3の子に勉強を教え続けていました。

その後小児科医となり、直接勉強を教えることはなくなってしまいましたが、ときどき診療所を受診した子から勉強についての相談を受けると、当時の気持ちが蘇ってきます。

いまは小児科医という仕事にこれ以上ないやりがいを感じる一方で、塾講師時代の経験や熱い気持ちが自分の核となっていると感じる瞬間です。

「もともと勉強が苦手」な「元塾講師」の「小児科医」である自分だからこそ、直接勉強を教えられなくても伝えられることがあるはずという想いからこの本を執筆しました。

2 日本の少子高齢化の現状

日本は世界で有数の「少子高齢化」国家です。

出生数（1年間に生まれた赤ちゃんの数）は毎年減り続けています。2016年には出生数がついに100万人を割り、2019年には90万人を割ってしまいました。

一方で、高齢化率（全人口に対する65歳以上の割合）は2019年に28・4％に達しました。この数字は世界第1位で2位のイタリアの23・0％に大きな差をつけています。そしてみなさんが社会に出る頃には、現在よりも少子高齢化がすすんでいることがほぼ確定しています。2025年には高齢化率は30％を超えるといわれており、約3人に1人が65歳以上となります。

実は少子高齢化はいまに始まったことではなく、何十年も前から予測され対策が必要と言われ続けていたことです。しかし、残念ながら予測通り、いや予測以上に進んでしまったという状況です。この状況は日本にとって危機的といえます。なぜなら将来のみなさんを含めた「働く世代」の負担が大きくなるからです。

例えば、社員が100人の会社があるとします。これまでは業績も良く、会社も順調に成長を続けてきました。しかし、今後社員の数が70人に減ることになってしまいました。

すると、会社がこれまで通りの成長を続けるためには残った70人で100人分の仕事をする必要がありますね。さらに、すでに定年退職した人の生活を支えるお金（年金）も必要なので、その分もがんばる必要があります。

もし100人分の仕事ができなければ、成長が止まるか衰退していくことは目に見えています。まさに日本も同じ状況です。

働く人の数が少なくなっていく上に、増え続ける高齢者の生活も支えなければならないのです。この状況の中でこれまで通りの成長を続けることがいかに困難かは容易に想像がつきますね。

診療所を受診してくれる子どもたちが将来どのように社会で活躍するのかと考えるとき、小児科医として本当にわくわくしますが、同時に「この子たちが社会に出るときに日本はどうなってしまうのか」と不安を感じてしまいます。

少子高齢化問題とは言われますが、高齢者の数が増えることが問題なのではありません。多くの人が元気に長生きできることは、むしろすばらしいことです。

問題は、出生数が減り続けていることです。「出生数が減り続けている」ということは、言いかえると「安心して子どもを産んで育てることができない」ということです。この少子化の流れを食い止めるためにも、「安心して子育てができる社会」をつくることはわが国の急務です。

しかし、残念ながら少子化の流れを断ち切る方法はまだみつかっていません。

3 日本を救うのはあなた

少子高齢化がすすむ日本はもうだめなのでしょうか?

実際、「日本はもう詰んでいる」「将来日本の財政や年金は破綻する」という意見もあります。しかし、「少子高齢化がすすんでも日本が生き残る方法がある」と僕は考えています。そして、その救世主となることができるのがあなたです。あなた次第で日本を救う道はまだあります。

その方法とは「あなたやあなたの同世代1人1人が社会で活躍する」ことです。

先ほどの100人の会社の例でいうと、残った70人が全員2倍活躍することができればこれまでの140人分の成果を出すことができます。そうすれば、これまで以上に会社が成長することができます。ただし、これは「これまでの2倍の時間働く」という意味ではありません。「人数」というのは国にとって非常に大きな武器です。

戦後の日本は、働く世代の人数とその方々の努力に支えられて成長してきたという歴史があります。そして、その人材を育ててきたのが日本の教育制度です。

「つめこみ教育」や「ゆとり教育」など時代時代で批判はありますが、僕自身はいろいろ不満はありつつも基本的には自分が受けてきた教育に感謝しています。

しかし、「人数」という武器が使えなくなった日本にとって、これまで以上に「ある視点」が重要となります。それは「1人1人が得意な部分を伸ばして活かす」という視点です。

例えば、これまで学校では「数学20点、英語20点、国語20点、社会20点、理科100点」のA君よりも「数学80点、英語80点、国語80点、社会80点、理科80点」のB君の方が「優秀」と評価されてきました。

もちろん、これは間違った評価とはいえません。おそらく将来多くの職業で活躍できるのはB君です。しかし、理科の研究者として活躍できるのはおそらくA君です。

研究者に限らずA君は理科の能力が活かせる仕事につけば、活躍できるはずです。

中学高校まではさまざまな分野を「浅く広く」勉強します。しかし、社会ではどの仕事についても多くの場合「せまく深い」知識や知恵が求められます。

例えば、コックさんは「料理を作る能力」が求められます。大工さんは「家を作る能力」が求められます。プログラマーは「プログラミングを書く能力」が求められます。

もちろん、コミュニケーション力やリーダーシップなど、職種によってはいっしょに他の能力が求められる場合もありますが、基本的には大きな能力が1つあればその分野で活躍することができます。

「あのレストランすごくおいしいんだけど、シェフが数学と音楽が苦手だから行くのやめようかな」とは思いませんよね。そして、それぞれ異なる能力を持った人がそれぞれの能力を発揮し、さらに別の能力を持つ人と協力することで世の中の仕事は成り立っています。

全教科80点の人が5人集まるより、「数学だけ100点の人」「英語だけ100点の人」「国語だけ100点の人」「社会だけ100点の人」「理科だけ100点の人」の5人がそれぞれの得意な分野を活かして1つのことに取り組んだ方が大きな結果を残すことができそうですよね。

少子化が進む現在の日本に必要なのはこの考え方であり、子どもの数が少なくなったからこそできることだと僕は考えます。

「数学20点、英語20点、国語20点、社会20点、理科100点」のA君には、「理科だけ100点でも他が20点なら、平均で36点しかないよ」や「理科はもういいから、他の教科をもっとがんばってね」ではなく、「A君は理科が得意だからこの調子でどんどん伸ばそう！　あとその理科の力を将来何に活かせるか考えてみよう！」と言ってあげる方がA君にとっても、日本にとっても有益ではないでしょうか？

その上で、「数学の考え方は理科にも必要だから、数学ももう少しがんばると理科の実力がもっと上がるよ」と他の教科の弱点を補うようにアドバイスをする方が、A君もやる気が出るはずです。

同じように、「数学20点、英語20点、国語20点、社会20点、理科20点だけどロボットづくりだけは得意」というC君がいるとします。

学校の成績としては教科にない能力は評価されにくいです。しかし、ロボットづくりの能力

を活かせば社会で活躍することができます。

そこでC君も、勉強が不得意な「落ちこぼれ」として扱うのではなく、「ロボットづくりが得意」であることをまず評価してあげて、その上でロボットづくりの能力を伸ばしながら他の弱点を少しでも克服できるような環境をつくってあげるべきではないでしょうか？

つまり、これまで評価されにくかった「特定の教科だけ得意な子」「勉強は苦手だが学校の教科にない分野が得意な子」などが自分の得意な能力を伸ばし、それを社会で活かせるようになれば1人でこれまでの2人分3人分の成果を出すことも可能なのです。

全ての子どもたちが「自分だけが得意な分野」すなわち「自分だけの能力」を見つけ社会で活躍することができれば、少ない人口でもこれまで以上の成長ができるはずです。

最後にあなたに5つのお願いをします。

「あなただけの能力をみつけてください。」
「あなただけの能力を伸ばしてください。」
「あなただけの能力を社会で活かしてください。」
「あなたと違う能力をもつ人と力を合わせてください。」
「日本を救ってください。」

大丈夫です。あなたならできます。

福富　崇浩

【著者】福冨 崇浩（ふくとみ たかひろ）

［医師（小児科医）、ふくとみ小児科院長］

神奈川県横浜市出身。1984年生まれ。

中学受験をして神奈川県内の有名進学校へ入学するも、入学直後から成績下位に。高校入学後に医師を志したことをきっかけに現状を変えるためさまざまな勉強法を試す。浪人生活を経て日本医科大学医学部へ入学。

大学在学中の６年間、大手進学塾に講師として勤務。中学・高校受験クラスを中心に、受験対策や定期テスト対策を担当する。生徒ごとにその子に合った勉強法を一緒に作り上げていくことと生徒のモチベーションを保つ声かけを特に大切にしていた。

自分に合った勉強法と少しの考え方の変化で、驚くほど成績が上がるというケースを数多く経験する。

大学卒業後は研修医を経て小児科医となる。神奈川県内の病院での勤務を経て、2018年、山梨県中央市にふくとみ小児科を開院。現在に至る。毎日の診療では両親にも子どもにもわかりやすい説明を意識し、少しでも安心して子育てができる地域医療を目指している。

本書の出版は、自身の受験生時代、塾講師時代に用いていた勉強法をベースに、小児科医としての知識と経験を加え再構築した合理的かつ本質的な勉強法を伝えることで、子どもたち１人１人が将来社会で活躍する手助けとなることを目的としている。

中学生《ちゅうがくせい》のための人生《じんせい》が変《か》わる勉強法《べんきょうほう》

2021 年5月7日　初版　第１刷発行
2022 年1月 14 日　　　　第２刷発行

〈著　者〉 福冨《ふくとみ》 崇浩《たかひろ》
〈発行者〉 石井 悟
〈印　刷〉 大日本印刷株式会社
〈製　本〉 新風製本株式会社
〈本文デザイン・DTP〉 小島 文代
〈イラスト・マンガ〉 あべ かよこ
〈協　力〉 寺口雅彦、ＮＰＯ法人企画のたまご屋さん
〈発行所〉 株式会社 自由国民社
〒 171-0033 東京都豊島区高田 3-10-11
営業部 TEL 03-6233-0781 ／ FAX 03-6233-0780
編集部 TEL 03-6233-0786 ／ URL https://www.jiyu.co.jp/